KB075824

박일환

시인이자 소설가. 1992년 전태일문학상 단편소설 우수상을 받고 1997년에 『내일을 여는 작가』에 시를 추천받았다. 시집으로 『푸른 삼각뿔』, 『끊어진 현』, 『지는 싸움』, 동시집 『엄마한테 빗자루로 맞은 날』, 청소년 시집 『학교는 입이 크다』를 냈다. 최근에는 오래도록 밀어 두었던 소설 작업을 시작해 『바다로 간 별들』이라는 장편소설을 출간했다. 글을 쓰는 동안 우리말에 관한 관심이 커져 『국어사전 혼내는 법』, 『국어 선생님, 잠든 우리말을 깨우다』, 『미주알고주알 우리말 속담』, 『미친 국어사전』 등 우리말에 관한 책을 여러 권 펴냈다.

30년 동안 국어 교사 생활을 했으며, 이런 경험을 바탕으로 교육 산문집 『나는 바보 선생입니다』와 교육 시집 『덮지 못한 출석부』를 낸 다음 지금은 퇴직 후 집필 노동자의 길을 가고 있다.

어휘 늘리는 법

어휘 늘리는 법

언어의 한계는 세계의 한계다

박일환 지음

유유

{ 1 들며 }

국어 교사 생활을 오래하는 동안 국어책도 여러 차례 바뀌었다. 표지가 화려해지고 종이 질이 좋아지는 등 겉모습뿐 아니라 내용도 많이 달라져서 예전에는 줄곧 실리던 글이 사라졌는가 하면 빈 자리를 새로운 글이 채웠다. 여러 변화 가운데 하나로 본문 옆에 낱말 풀이가 달리기 시작했다. 어려운 낱말이 나왔을 때 일일이 국어사전을 찾아보는 수고를 덜어 주기 위한 배려였다. 그렇다고 해서 옛날 학생이 모두 국어 공부를 하다 모르는 낱말이 나오면 국어사전을 찾아보았느냐 하면 꼭 그렇지는 않다. 그런 수고를 들이기보다는 국어 참고서부터 들추어 보는 게 보통이었다. 참고서에 자세한 낱말 풀이가 실려 있었으니, 늘 옆에 끼고 살던 참고서를 펼쳐 보는 게 책꽂이 어딘가에 꽂혀 있을 국어사전을 찾는 것보다 훨씬 빨랐다.

지금보다 예전에는 국어사전에 대한 대우가 좋았다. 내가 중고등학교를 졸업할 때만 해도 졸업 시상품으로 국어사전이나 영어사전, 옥편 같은 걸 주곤 했다. 그만큼 어학사전을 중요하게 여겼음을 알 수 있다. 어학 공부는 어휘 습득을 기본으로 해야 한다는 믿음을 바탕에 깔고 있었기 때문이리라. 요즘은 졸업 시상품으로 사전을 주는 학교를 찾기 힘들다. 지금은 어휘의 중요성을 예전만큼 크게 느끼지 않아서일까? 그렇지는 않을 테고, 종이 사전에서 전자사전 시대를 거쳐 인터넷이 모든 어휘 정보를 제공하고 있는 시대로 바뀐 탓이 크다. 더구나 스마트폰으로 인터넷을 하는 시대다 보니 궁금한 게 있으면 그 자리에서 바로 스마트폰을 꺼내 검색해 보면 된다. 그동안 우리말 관련 책을 몇 권 낸 바 있는 나 역시 이제 종이 사전은 거의 보지 않는다. 종이 사전이 사라지고 있는 현실을 아쉬워할 수도 있겠으나 그만큼 시대가 변했다는 사실을 인정할 필요가 있다. 다만 제대로 된 국어사전이 있으면 좋겠다는 생각은 자주 한다. 찾고자 하는 낱말이 국어사전에 실려 있지 않거나 뜻풀이가 모호하고 불친절한 경우를 많이 보았기 때문이다.

　『표준국어대사전』에 실린 어휘의 수는 50만 개가 넘는다. 그 많은 어휘를 남김없이 외울 도리도 없거니와 평생 한 번도 사용하지 않을 어휘도 수두룩하다. 우리가 실생활에서 사용하는 어휘의 수는 생각만큼 많지 않다. 한자에도 기초 한자라는 게 있고, 영어도 꼭 알아 두어야 할 단어와 숙어만 모아서 펴낸 어휘집을 쉽게 접할 수 있다. 그렇다면 외국어도 아닌 우리말 어휘를 따로 공부할 필요가 있을까? 웬만한 어휘는 저절로 깨치는 경우가 많고, 정 궁금하면 앞서 말한 대로 인터넷 검색을 해 보면 될 일이다. 국어학 전공자, 작가나 출판 편집자가 되고자 애쓰는 이가 아닌 보통 사람이라면 군이 우리말 어휘 공부를 체계적으로 할 필요는 없다. 그렇다고 어휘가 중요하지 않다는 뜻은 아니다. 오히려 어휘의 중요성이 날로 커지고 있는 중이다. '체계적으로' 배울 필요까지는 없을지라도 어휘 공부는 선택이 아니라 필수에 가깝다.

대화를 하다 보면 가끔 말이 통하지 않는 사람을 만날 때가 있다. 대체로 세 가지 이유 때문이다. 우선은 서로 관심사가 달라서 그럴 수 있다. 영화는 좋아하지만 스포츠에는 관심이 없고, 스포츠는 좋아하지만 영화에는 관심이 없는 사람 사이에서 공통 화제를 끌어내기란 무척 어렵다. 두 번째는 정치 이념이나 종교 성향이 다른 경우다. 정치와 종교 영역은 자신이 추구하는 신념이 확고하기 때문에 자신의 생각과 다른 견해를 받아들일 여지가 거의 없다. 마지막으로 상대방의 어휘력이 빈약할 때도 대화를 이어가기 어렵다. 기초 상식이라 할 만한 어휘도 알아듣지 못하는 상대라면 신뢰도와 호감도가 떨어질 수밖에 없다. "어릴 때 물에 빠진 적이 있어서 그때의 트라우마 때문에

물이 많은 곳에만 가면 겁이 나요"라고 했을 때 "트라우마가 뭐예요?"라고 하거나, "담배 안 피우는 사람은 혐연권을 주장할 권리가 있어"라고 했을 때 "혐연권? 흡연이나 금연은 들어 봤어도 혐연은 처음 들어 보는 말이네"라고 한다면 답답함을 느끼지 않을 도리가 없다. 이는 상식 부족에서 기인한 것으로, 앞의 두 경우보다 심각하다. 예를 든 내용은 상황을 단순화한 사례지만, 사회 문제나 여성 문제 혹은 문화 전반에 관한 이야기를 할 때 조금만 깊이 있는 대화를 나누면 입을 다무는 사람들이 있다. 그런 사람은 자연히 대화에서 소외되거나 폭 넓은 사회관계를 이어 가기 힘들다.

만일 아르바이트나 임시직으로 채용되어 일할 때 '주휴수당'이라는 말을 모르는 사람이라면 자신이 정당하게 지급받아야 할 임금을 요구할 수 있을까? 커다란 보름달을 뜻하는 '슈퍼문'super moon이라는 말을 몰라서 동네 슈퍼의 문으로 알아듣는다면 부끄럽지 않을까? '빙모'聘母는 다른 사람의 장모를 뜻하는 말인데 "어제 제 빙모님이 돌아가셨어요"라고 말해 놓고 그게 틀린 줄도 모르는 사람이 있지 않을까? 이런 예는 무척 많을 것이다. 영화『내부자들』에서 배우 이병헌이 했던 유명한 대사, "모히토 가서 몰디브나 한잔 하자"가 우스갯소리로 그냥 나오지는 않았을 테니까.

곧 4차산업혁명 시대가 올 것이라고 이야기하는 사람이 많다. 그러면서 예로 사물인터넷IoT과 인공지능AI 같은 것을 든다. IoTInternet of Things는 원거리에서 인터넷을 통해 사물을 작동시킨다는 의미이고, AIArtificial Intelligence는 인공지능의 영어 약자다. AI는 조류독감을 뜻하는 약자로도 사용되므로 둘을 구분할 줄 알아야 한다. 처음에 신문에서 IoT를 발견했을 때 앞의 스펠링이 i의 대문자인지 L의 소문자인지 몰라서 헷갈렸던 기억이 난다. 정확한 용어를 모르는 상태에서 마주치다 보니 서체에 따라 I로도 보이고 l로도 보였다. 무슨 말인지 검색을 해 보고 나서야 제대로 정체를 파악할 수 있었다. 이렇듯 하루가 다르게 쏟아지는 말을 따라잡는 게 힘들 때가 있다. 시대 흐름에 뒤처지지 않으려면 그런 용어를 부지런히 익혀 두어야 한다.

더불어 유행어도 적당히 알아 두면 사회생활을 하는 데 유용하다. 한때는 '궁서체'라는 말이 유행하더니 최근에는 '급식체'라는 말이 사람들 입에 많이 오르내린다. 이 말은 사전적인 의미만 알아서는 해독을 못 한다. '궁서체로 쓴다'라고 하면 진지한 내용을 담아서 쓴다는 말이다. 급식체는 요즘 청소년이 쓰는 이상한 문장 구조의 말을 뜻하는데, 학교에서 급식을 먹는 학생이 재미 삼아 쓴다고 해서 그런 이름이 붙었다. 유행어를 말장난에 치우친 가벼운 언어로만 취급해서는 안 된다. 모든 말은 필요에 의해 생겨나기 마련이므로 어느 것이 가치 있고 없는지를 따지는 일은 부질없다. 유행어를 적절히 사용하면 대화가 즐거울 수 있다. 한편 유행어를 통해 시대상을 파악해 보는 일도 흥미로운 작업이다. 사전에서는 찾을 수 없는 말이지만 최근에 '금수저'와 '흙수저'라는 말이 사람들의 마음을 어떻게 파고들게 되었는지를 생각해 보면 알 수 있는 일이다.

글쓰기가 점점 중요해지는 시대이다. 글쓰기 요령을 담은 책이 쏟아져 나오고 있으며, 판매량도 상당하다고 들었다. 뿐만 아니라 글쓰기 강좌도 여기저기서 열리고 있다. 요즘은 상급 학교 진학이나 회사에 취업하기 위해 '자소서', 즉 자기소개서를 작성해서 제출하는 게 기본이다. 글쓰기 훈련이 제대로 되어 있지 않은 사람은 비싼 돈을 들여 남에게 대필을 부탁하거나 첨삭 지도를 받는다. 사회에 나가서도 각종 보고서나 평가서 따위를 작성해야 할 일이 많다. 자기표현의 시대를 맞아 자기 이야기를 글로 쓰고 싶어 하는 사람도 늘고 있다. 글쓰기 책이 많이 팔리고 글쓰기 강좌가 성행을 이루는 이유는 이런 현상과 관련이 있다. 다른 능력이 뛰어나도 글쓰기를 못하면 자신의 능력을 충분히 발휘하지 못하는 시대가 되었다.

글을 잘 쓰기 위해서도 어휘를 많이 알아야 한다. 어휘 없이 문장을 만들 수 없음은 당연하며, 어휘는 결코 문장의 하위 구성물에 불과한 것이 아니다. 어휘는 문장의 중심을 이루는 뼈대이자 핵이다. 어휘와 어휘를 매끄럽게 연결하고 비문을 만들지 않는 것도 중요하지만, 어휘가 빈약

한 상태에서는 모든 것이 물거품이 되고 만다. 글을 통해 드러내고자 하는 핵심은 적확하게 사용된 어휘를 통해서 드러난다. 반대로 문장이 아무리 미려해도 잘못 사용한 어휘가 들어 있으면 그 문장은 가치를 상실한다.

2
{ 어휘가 중요한 이유 }

많은 사람이 요즘 아이들은 어휘력이 부족하다고 말한다. 국어 교사로 오래도록 교단에 서 온 내 경험으로 보아도 아주 틀린 말은 아니다. 얼마 전에 어떤 이가 내게 말하기를, 십 대 중반의 아이가 가마니가 무엇인지도 모르더라고 했다. 가만 생각해 보니 그 아이가 가마니라는 물건을 본 적이 없을 성싶었다. 본 적도 없는 물건 이름을 어떻게 알 수 있을까? 물론 평소에 독서를 많이 했으면 알 수도 있겠으나, 가마니라는 말을 모르는 게 독서 경험 부족일지, 가마니라는 물건을 한 번도 본 적이 없어서일지 판단하기 어려웠다.

그러다가 이런 생각을 해 보았다. 몇 년 전부터 추수를 끝낸 들판에 하얀 포장을 한 원통 모양의 큼직한 물건이 군데군데 놓인 모습을 볼 수 있는데, 그것의 이름을 아는 성인은 얼마나 될까? 그 물건의 정확한 이름은 '곤포 사일리지'baling silage라고 한다. 하지만 그런 물건이 쓰인 지 얼마 안 되는 데다 부르기도 어려워 시골 사람도 정확한 이름을 모르는 경우가 많다. 곤포捆包, baling는 거적이나 새끼 따위로 짐을 꾸려 포장하는 것 또는 그렇게 꾸린 짐을 말한다. 사일리지는 동물의 사료로 쓰기 위해 곡물이나 목초를 저장해서 발효시킨 것을 말한다. 그러므로 곤포 사일리지는 볏단을 밀폐된 상태로 단단히 압축시켜서 만든 숙성 사료를 뜻하는 말이다. 예전에는 묶은 볏단을 논 가운데에 쌓아 볏가리를 만들었는데, 요즘은 볏가리 대신 곤포 사일리지로 만들어 사료용으로 판매한다. 가마니를 모르는 청소년과 곤포 사일리지를 모르는 어른 중 누구를 탓해야 하는 걸까?

청소년의 어휘력이 부족하게 된 이유로 몇 가지를 생각해 볼 수 있다. 시대가 변함에 따라 예전에 흔히 볼 수 있던 물건이나 풍경, 관습이 사라지거나 어휘 자체가 바뀐 탓도 있을 테고, 한자 교육 비중이 낮아져서 한자로 된 개념어를 익힐 기회가 적었을 수도 있다. 반면에 청소년일수록 새로 생겨난 말에 대한 적응력은 무척 높은 편이다. 게임 용어나 핸드폰과 컴퓨터 관련 용어는 웬만한 어른보다 훤히 꿰고 있는 청소년이 많다. 어른 중에 '득템'과 '만렙'이라는 말을 들이대면 알아들을 사람이 얼마나 될까? 득템은 게임에서 아이템을 얻는다는 데서 온 말로 무언가를 획득했을 때 쓰는 말이고, 만렙은 게임에서 도달하는 최고 레벨을 뜻하는 말이다. 보통 '○○을 득템했다', '만렙을 찍었다'와 같이 쓴다. 득템은 알아듣겠다는 어른이 제법 있을 수 있으나 만렙에 관해서는 대부분 고개를 갸우뚱거릴 듯하다.

사실 청소년보다 성인의 어휘력 부족이 더 큰 문제라는 생각을 한다. 통계가 이를 증명한다.

2013년 경제협력개발기구(OECD)가 발표한 국제성인역량조사에 따르면 한국인의 문해력은 청년층(16-24세)에서는 OECD 국가 중 4위이지만, 55-65세는 뒤에서 세 번째, 45-54세는 뒤에서 네 번째에 해당한다.
—장은수,『매일경제』(2017년 12월 1일 자)

문해력과 어휘력이 똑같지는 않다. 문해력은 글 내용, 즉 문장에 담긴 뜻을 이해하는 능력이고 어휘력은 낱말의 뜻을 이해하는 능력이다. 그런데도 문해력과 어휘력 사이에 어느 정도 비례 관계가 있으리라는 점은 충분히 짐작할 수 있다. 청년층보다 장년층에서 문해력이 떨어지는 이유는 학생 시절에는 그래도 책을 읽지만 대학 졸업 이후에는 책을 멀리하기 때문이 아닐까 싶다. 우리나라 성인의 독서 수준이 부끄러울 정도라는 사실은 다들 알고 있는 점일 테고, 한 발 더 나아가 지식의 변화 주기가 워낙 빠르다 보니 장년층 이상에서 변화 속도를 따라잡지 못하는 것도 주요한 원인이 되었을 법하다. 덧붙인다면 우리나라의 교육 수준이 갈수록 높아지고 체계적인 교육이 이루어지고 있음을 반영한다고 볼 수도 있다. 그렇게 본다면 시대가 요구하는 지식을 습득하지 못하는 기성세대가 청소년이나 청년의 어휘력 부족을 탓하는 건 어불성설이다. 자신의 관심 분야에 따라 어느 쪽의 어휘를 더 많이 알고 있느냐의 차이에 지나지 않을 수도 있다.

청년이건 기성세대건 어휘를 늘릴 필요가 있음은 너무나 당연하다. 어휘를 늘린다는 것은 자신이 살아가는 삶의 양과 질을 늘린다는 것과 같다. 우리가 살아가는 삶의 양상은 대부분 언어 행위를 매개로 이루어지기 때문이다. 그렇다면 어떤 어휘를 어떻게 늘릴 것인가 하는 문제가 대두된다. 그러기 전에 우선 어휘가 왜 중요한지부터 따져보자.

어휘가 중요한 이유는 일차적으로 어휘가 지식 습득의 기본이 되기 때문이다. 어휘 없이 개념을 익힐 수 없음은 자명한 사실이며, 하루가 다르게 쏟아지는 새로운 지식을 익히기 위해서도 어휘 공부는 필수적이다. 최소한의 교양을 갖추기 위한 통로가 어휘 쪽에 있음은 분명하다. 하지만 어휘를 익히고 늘려야 하는 이유는 꼭 기능적인 측면에만 머물지 않는다.

언어는 사유를 펼치는 데 필요한 기본 수단이다. 생각이 먼저 있고 생각을 언어로 표현한다고 이해하기 쉽지만, 생각과 언어 중에 무엇이 먼저라고 단정 짓기 어렵다. 생각과 언어는 동시성을 지닌다는 게 언어학자 대다수의 견해다. 언어 없이도 사고를 할 수 있다고 주장하는 사람도 있으나 둘 사이에 밀접한 관계가 있음은 부인하기 어렵다.

사람은 말을 할 때 머릿속에 모든 생각을 정리해 놓은 다음 이를 차례로 풀어내는 게 아니라 대략의 틀이나 감만 잡아 놓고 시작하기 마련이다. 그래서 말을 하는 동안 미처 생각지 못했던 내용이 저절로 딸려 나오는 경우가 많다. 상대의 말을 즉석에서 받아칠 때는 생각할 틈도 없이 말이 먼저 나가기도 한다. 글을 쓸 때도 마찬가지다. 머릿속에 뭔가 생각의 실마리가 있는데, 그게 아직은 정확지가 않다. 생각의 실마리는 아직 언어로 표현되기 이전의 것이다. 실마리를 언어로 잡아내서 정리할 때 비로소 실체가 드러난다. 글을 쓰는 과정을 통해, 즉 언어화하는 과정을 통해 미처 정돈되지 않았던 생각이 차분하게 정리되는 경험은 누구나 해 보았을 터이다.

김소월의 시 「가는 길」은 "그립다/말을 할까/하니 그리워"라는 구절로 시작한다. '그립다'는 말이 그리움이라는 감정을 끌어내고 있음을 알 수 있다. 김소월은 언어가 감정을 끌어내는 기능을 가지고 있음을 아는 시인이었다. 김소월 시인의 탁월함이 이런 데서도 드러난다. 언어는 결코 의사 표현의 수단에 머무르지 않으며 언어 자체로 살아 움직이며 사유와 감정을 창조하는 역할도 한다.

언어가 사유를 이끌어 가는 측면이 있다면, 어휘량이 많은 사람이 더 풍부하고 깊이 있는 사유를 할 수 있으리라는 결론을 얻을 수 있다. 그러므로 다양한 어휘를 익힌다는 것은 교양을 넓히는 일일 뿐 아니라 세상을 다양한 시선으로 바라볼 줄 아는 눈을 기르는 일이 된다.

독일 사상가이자 언어학자인 훔볼트는 "우리는 언어가 우리에게 보여 주는 대로 현실을 인식한다"라고 했다. 이 말은 현실이 언어를 규정하지 않고 언어가 현실을 규정한다는 뜻을 담고 있다. 언어가 모든 것을 결정한다는 식의 극단적인 언어 결정주의는 비판받을 소지가 많지만 특정 언어가 우리의 생각이나 현실을 바라보는 가치관에 영향을 주는 것 또한 사실이다. 현실은 결코 고정적이거나 모든 이의 눈에 똑같이 다가오지 않는다. 고아라는 말이 부모가 없는 사람을 불쌍하게 여기도록 만들고, 부자라는 말이 돈 많은 사람을 부러운 눈으로 바라보게 한다. 앞에 있는 사람이 고아인지 부자인지 말해 주기 전에는 그 사람에 관해 아무런 인식을 갖고 있지 않았으나 언어로 사람을 규정하는 순간 그가 처한 현실을 인식하게 된다.

몇 년 전부터 '헬조선'이라는 말을 쓰는 사람이 많아졌다. 갈수록 빈부 격차가 심해지는 데다 정규직과 비정규직의 차별이 늘고 청년 취업이 힘들어지면서 우리나라의 현실이 마치 지옥과 같다는 뜻으로 만들어진 말이다. 헬조선이라는 말이 생기기 전부터 살기 어려운 현실은 존재했으나 헬조선이라는 말이 나오면서 그런 현실에 관한 인식이 더욱 강화되기 시작했다. '정말 그 말이 맞아'라고 동조하는 사람이 늘면서 정치인에게도 영향을 미쳐 비정규직을 줄이고 청년 실업을 막기 위한 정책을 고민하게 만들었다.

또한 언어는 자신이 지향하는 삶의 태도와 방향을 이끌어 주는 역할도 한다. 언어가 사유를 형성하고 사유가 행동을 결정한다는 측면에서 그렇다. '올바르다'와 '바람직하다'라는 말이 있을 때, 과연 무엇이 올바르고 무엇이 바람직한 것인지 정의할 수 있을까? '바르게살기운동협의회'라는 관변단체가 있다. 이 단체가 말하는 '바르게 살기'와 각 개인이 생각하는 '바르게 살기'는 많은 차이가 있을 터이다. 국가나 관변단체가 주입하는 생각과 상관없이 모든 개인은 어떻게 사는 게 올바르고 바람직한지 고민하면서, 고민의 결과에 따라 자신의 삶을 펼쳐 간다.

박정희 대통령 시절에 「국민교육헌장」을 만들어 전국의 모든 학생들에게 암송을 강요한 일이 있었다. 거기에 "우리는 민족중흥의 역사적 사명을 띠고 이 땅에 태어났다"라는 구절이 있다. 우리는 정말 '민족중흥의 역사적 사명을 띠고' 태어났을까? 개인 존재의 성격마저 국가가 규정해 주던 시대를 우리는 거쳐 왔다. 박정희 정권은 왜 「국민교육헌장」을 만들고 암송하도록 강요까지 했을까? 언어가 인간의 사상과 삶의 태도를 결정하는 데 영향을 미친다는 점을 잘 알고 있었기 때문이리라. 「국민교육헌장」을 암송하는 동안 알게 모르게 우리 내면에 국가주의가 스며들었음은 박정희가 숨졌을 때 수많은 국민이 운구 행렬을 뒤따르며 오열했던 사실로도 증명된다. 학교마다 성실이니 협동이니 하는 말을 앞세워 교훈을 만들고, 집에서 가화만사성家和萬事成 같은 가훈을 내거는 이유도 같은 맥락에서 파악할 수 있다.

원자력발전소라는 말과 핵발전소라는 말 중 어느 쪽이 더 사실에 가까운 용어일까? 원자력발전소라는 말을 고집하는 사람과 핵발전소라는 말을 써야 한다는 사람 사이에는 커다란 가치관의 차이가 있다. 원자력발전소가 아니라 핵발전소라고 불러야 한다는 말을 듣고 인식을 바꿔 탈핵(탈원전이 아닌) 운동에 나서는 사람이 있을 수 있다. 실제로 송전탑 문제로 갈등을 겪었던 밀양의 할머니들이 그런 경우에 해당한다.

성희롱이라는 말이 생기기 전까지는 여성 앞에서 외모에 관해 성적인 표현을 하거나 음담패설을 하는 것, 술을 따르도록 강요하는 것 정도는 짓궂은 장난일지언정 범죄라고는 여기지 않았다. 그러다가 성희롱이라는 말이 생기면서 남성이 이성을 대하는 말과 태도에 관해 성찰하기 시작했다. 성에 관한 새로운 가치관과 윤리 의식을 생성, 확장하는 데 성희롱이라는 말이 큰 기여를 했다고 할 수 있다.

정서와 감각을 풍부하게 해 주는 언어의 역할도 **빼놓을** 수 없다. 조지훈 시인의 시「승무」에 "돌아설 듯 날아가며 사뿐히 접어 올린 외씨버선이여"라는 구절이 나온다. 외씨버선은 "오이씨처럼 볼이 조붓하고 갸름하여 맵시가 있는 버선"을 뜻한다. 외씨버선이라는 말 자체도 아름답지만, 이 말을 통해 연상되는 그림은 또 얼마나 멋스러운가. 외씨버선이라는 이름을 붙여 준 선조들의 눈썰미가 고맙기만 하다.

서명숙 씨에 의해 제주도에 올레길이 생기더니 지리산과 북한산에 둘레길이 생기고, 강릉의 바우길에 이어 청송, 영양, 봉화, 영월을 잇는 외씨버선길도 생겼다. 도로에서 집 앞으로 이어지는 골목을 뜻하는 제주 사투리 '올레'를 활용해 만든 올레길이라는 말이 자연스레 이웃사촌을 거느린 셈이 되었다. 하나같이 정겨운 느낌을 주는 말인데, 그중에서도 조지훈 시인의 시에서 이름을 따온 외씨버선길은 어감이 참 예쁘다.

스페인의 산티아고 순례길이 이 모든 길의 시초가 되었음은 익히 알려진 사실이다. 우리나라 사람에게 '길'이라는 말에 가장 많이 붙어 다니는 짝은 '나그네'가 아닐까? 나그네라는 말이 주는 독특한 정서가 있다. 1970년대에 가수 박인희가 부른「방랑자」라는 노래는 길과 방랑자를 이어 주는 역할을 했다. 나그네와 방랑자의 이미지는 서로 겹치는 부분이 있다. 그러다가 산티아고 순례길이 유명해지면서 길과 순례가 만나게 되고, 길은 종교적 심상까지 갖는 어휘로 재탄생한다. 이렇듯 길과 나그네와 순례라는 말은 말을 사용하는 사람의 마음 줄을 건드리면서, 이성과 다른 영역에 있는 정서와 감각을 자극한다. 시와 노래는 그런 어휘의 힘을 빌려 자신의 영역을 넓혀 가는 예술 장르인 셈이다.

외씨버선이라는 명사로 말을 풀기 시작했지만 정서와 감각을 풍부하게 하는 힘은 대체로 형용사와 부사에서 많이 나온다. 예쁘다와 어여쁘다, 예쁘장하다가 주는 느낌이 서로 다르다. 슬프다와 구슬프다, 서럽다, 애잔하다, 애처롭다, 애달프다, 처연하다의 차이는 인간 정서의 결이 얼마나 세세한지를 알 수 있게 한다. 개인적으로는 문학 청소년으로 지내던 십 대 후반에 '삽상颯爽하다'라는 말이 너무 좋아서 어떻게든 시 구절 속에 넣어 보려고 애썼던 기억이 난다. '삽상하다'는 "바람이 시원하게 불어 마음이 아주 상쾌하다"는 뜻을 가진 형용사인데, 시원하다 혹은 상쾌하다라는 말로는 표현이 안 되는 느낌을 나에게 주었다. 굼실굼실, 발씬발씬, 애오라지, 애면글면 같은 부사는 또 어떤가? 특히 우리말은 의성어와 의태어가 무척 발달한 편이어서 이런 말을 잘 활용하면 표현에 생동감을 불어넣을 수 있다.

'말 못할 기쁨'이라든지 '말 못할 슬픔'이라는 표현을 많이 쓴다. 그만큼 언어가 가진 한계가 뚜렷하다는 뜻이다.

한편으로 생각하면 그렇기 때문에 오히려 그런 감정에 가장 가까운 말을 만들어 내려고 노력해 왔던 언어의 역사가 있다. 언어의 한계와 효용을 동시에 생각해 볼 필요가 있다. 그 효용 속에 추상적인 감각을 구체화해서 보여 주는 기능이 포함되어 있음은 물론이다.

3
{ 어휘를 둘러싼 전쟁 }

　어느 시대, 어느 사회에서나 어휘를 둘러싼 전쟁이 벌어지곤 한다. 우리나라에서 2017년에 일어난 어휘 전쟁 중에 가장 크게 논란을 빚은 것은 '여사 논쟁'이다. 문재인 대통령의 부인을 칭하는 호칭으로 『한겨레신문』과 『오마이뉴스』에서 '여사' 대신 '씨'를 썼다고 해서 문재인 대통령 지지자들의 항의 사태가 벌어졌다. 언론사 해명은 오래전부터 자체 기준에 따라 모든 호칭을 씨로 하기로 정해서 그렇게 사용해 왔으며 일부 다르게 적용된 사례가 있을 뿐이라고 했다. 하지만 지지자들은 실수 차원을 넘어선 의도적인 깎아내리기라며 반발을 멈추지 않았다. 결국 대규모 절독 사태로 이어지면서 해당 언론사는 사과문을 내야 했다. 다음은 한겨레신문사에서 발표한 사고社告의 한 대목이다.

국어사전에도 나와 있듯이 '씨'는 '사람의 성이나 이름에 붙여 그 사람을 높이거나 대접하여 이르는 말'입니다. 그렇지만 많은 독자분들께서는 한겨레가 대통령 부인 이름 뒤에 '씨'를 붙이는 것에 매우 마음 불편해하고 있습니다. '한겨레가 대통령을 무시한다'는 억측까지 나돌고 있습니다. 저희의 진의와 달리 한겨레가 독자들과 대립하고 불화하는 모습을 더는 보이지 않아야 한다는 것이 이번 결정의 첫 번째 이유입니다.

사실 '씨'는 사전적 의미와 달리 점차 존칭이 아닌 것으로 여겨지는 추세이기도 합니다. 독자 여러분의 비판은 이런 언어 습관의 변화를 반영하는 것입니다. 권위주의적 표현이었던 '여사'의 쓰임새도 30년 전과는 많이 달라졌습니다. "호칭은 옳고 그름의 '문법'이 아니라 오히려 '문화'에 가깝다"는 한 원로 국어학자의 조언은 저희의 결정에 큰 도움이 됐습니다. 대통령 부인 호칭 문제에 대한 성찰을 계기로 독자 여러분과 더욱 소통하고 가까워지도록 노력하겠습니다.

—『한겨레신문』(2017년 8월 25일 자)

박정희 정권 시절만 해도 대통령과 가족을 지칭할 때 매우 권위적인 호칭을 사용했다. 대통령에게는 각하閣下라는 표현을 썼고, 부인에게는 영부인令夫人, 자녀에게는 아들일 경우 영식令息, 딸일 경우 영애令愛를 사용했다. 박근혜 전 대통령도 영애로 불리던 시절이 있었음은 모두가 아는 사실이다. 그러다가 김대중 전 대통령이 각하 대신 '님'을 붙여 달라고 해서 그때부터 대통령님이라고 부르기 시작했다. 이러한 변화는 권위주의 시대가 막을 내리기 시작했음을 보여 주는 사례다.

『한겨레신문』은 창간 초기부터 신문사 고유의 표기 원칙을 정하기 위해 고심했다. 가능하면 우리말을 살려 쓴다는 취지에서 부고란을 '궂긴소식'이라는 말로 대체했고, 신도시 대신 줄곧 '새도시'라는 말을 썼다. 이와 함께 잘 알려지지 않은 사실이 있다. 그때까지 다른 언론사에서 대학생의 호칭을 양과 군으로 부를 때 『한겨레신문』은 '씨'를 붙이기로 했다. 대학생이면 다들 성인인데, 양과 군이라는 말은 아직 성인의 위치에 다다르지 못한 사람을 가리키는 느낌을 준다는 이유였다. 남녀와 직책, 신분을 불문하고 성인이면 모두 공평하게 '씨'로 부르자는 제안은 권위와 위계질서에 바탕을 둔 언어를 배제하자는 취지였으며, 언어의 민주화를 앞당기는 일이었다. 그만큼 『한겨레신문』은 시대를 앞서가는 언론이었다. 그런데 그 '씨'가 2017년에 엉뚱하게도(?) 화살을 맞는 처지가 되고 말았다. 앞의 사고에 나와 있는 내용처럼 그런 변화의 흐름에 적절히 대응하지 못한 『한겨레신문』에 아쉬운 점은 있지만, 『한겨레신문』이 지금까지 추구해 왔던 언어 민주화를 위한 노력은 정당한 평가를 받아야 한다고 생각한다.

여사 논쟁만큼 떠들썩하지는 않았지만 2017년에 어휘를 둘러싼 또 하나의 중요한 대립이 있었다. 성소수자 문제가 중요한 사회 의제로 등장하면서 양성평등이라는 말 대신 성평등이라는 말을 쓰자는 이야기가 나왔고, 이에 호응하여 성평등이라는 말이 점차 자리를 잡아 가는 중이었다. 인간의 성 정체성을 남성과 여성으로만 구분하는 것은 성소수자를 배제하는 결과를 가져온다는 판단이 사회적 승인을 받고 있는 듯 보였다. 하지만 성소수자 문제를 바라봄에 일각에서는 보수적인 시각을 넘어 '동성애 혐오'로 치닫는 흐름까지 있었으며, 그런 시각의 대립이 성평등이라는 용어를 둘러싼 힘겨루기를 가져왔다.

여성가족부가 사업 계획에 기재된 '성평등' 용어를 '양성평등'으로 수정하기로 했다. '남성'과 '여성' 이외 다른 '성' 정체성을 인정하지 않는 일부 단체의 입김이 작용한 탓이다.

15일 여가부는 향후 5년간 시행 예정인 '제2차 양성평등 기본계획'을 수립하면서 '성평등' 용어를 사용했다가 동성애를 반대하는 일부 보수 교단의 반발로 이를 수정하기로 했다고 밝혔다.

—『중앙일보』(2017년 12월 15일 자)

여성가족부의 발표가 있은 다음 여러 인권 단체의 항의

가 이어졌다. 이들은 여성가족부가 차별과 혐오를 부추기는 세력에 휘둘림으로써 인권과 평등의 가치를 후퇴시켰다고 주장했다. 이에 반해 양성평등이라는 말을 써야 한다는 이들은 성평등이라는 말을 용인하는 것은 동성애와 동성혼을 옹호하는 것과 마찬가지라는 입장을 갖고 있다. 후자의 입장을 내세우는 일부 기독교 신자는 자기 주장의 근거로 『성서』를 앞세운다. 종교적 신념까지 개입되어 있는 탓에 상반된 입장 사이에서 어떤 절충점도 찾을 수 없을 만큼 차이가 벌어져 있다. 그래서 이 사안을 다루는 어느 신문에서는 기사 제목을 "양보 없는 용어 전쟁"(『한국일보』)이라고 했다. 서로 물러설 수 없는 입장을 가지고 있다는 점에서 전쟁이라는 말이 그리 틀린 표현은 아니라고 하겠다.

앞서 말한 역사 논쟁이 진행되는 동안 사회 구성원 간에 심각한 갈등과 대립이 일어났으며, 성평등 용어 논란 역시 앞으로 장기간에 걸쳐 사회 갈등 요인으로 남게 되었다. 이렇듯 용어 하나가 사회적, 종교적 대립을 불러오게 된 건 특정 어휘에 대한 가치관이 서로 다르기 때문이다.

최근에 일어난 사례 두 가지를 들었지만 특정 어휘를 둘러싼 갈등 양상은 다른 방면에서도 두루 나타난다. 심지어 국가 간 외교 문제로까지 비화할 수 있는 게 용어 문제다. 일본과 우리나라는 과거 식민지 지배자와 피지배자였던 특수 관계에 있다 보니 거기서 파생되는 문제가 많다. 지금도 우리나라 동쪽에 있는 바다 이름을 두고 '동해'로 표기하느냐 '일본해'로 표기하느냐 하는 문제로 갈등을 빚고 있으며, 일본군 '위안부'라는 말 대신 일본군 '성노예'라는 말을 써야 한다고 하면 일본 측이 발끈한다. 일본의 왕을 일본에서 부르는 대로 '천황'이라고 할 것이냐 아니면 '일왕'이라고 할 것이냐 하는 문제도 오랫동안 논란거리로 남아 있다. 식민 지배를 당했던 아픈 경험 때문에 천황이라는 말을 용납하기 힘든 정서적 측면을 무시할 수 없다.

우리는 국교 수립 이전에 중국을 중공이라고 불렀고, 남북 대화 이전에 북한을 북괴라고 불렀다. 외교는 상대를 존중하는 데서부터 출발해야 한다. 전쟁의 상처를 기억하는 옛 세대가 개인적으로 그런 표현을 사용할 수는 있지만 공식 용어로 중공이나 북괴를 사용할 수는 없다. 집단 간의 이해관계가 상충되는 용어 문제를 국가 간의 외교 문제처럼 처리할 수 있다면 차라리 수월할 수 있다. 하지만 한 집단 내에서 서로 다른 가치관을 가지고 있을 때에는 그런 조율이 불가능에 가까운 경우가 많다.

이렇듯 어휘는 특정한 사물이나 현상을 지시하는 기호 이상의 의미를 갖는다. 서로 다른 사회, 역사, 문화 경험과 종교 신념을 가진 경우 특정 어휘에 관해 호불호가 갈릴 수밖에 없다. 최대한 중립적인 어휘를 만들어 쓰는 것도 하나의 방법이겠으나 그조차도 쉽지 않을 때가 많다.

그렇다면 어떻게 할 것인가? 어렵더라도 꾸준히 사회적

합의를 이루기 위해 노력하는 수밖에 없으며, 개인적으로는 자신의 가치관에 맞는 어휘를 골라서 사용하면 된다. 그렇게 특정 어휘를 사용하는 사람들이 늘어나다 보면 어느 사이엔가 그 어휘가 자연스레 자리 잡는 현상을 발견하게 된다. 가령 '노동자'라는 말을 생각해 보자. 예전에는 노동자가 아니라 '근로자'라는 말을 쓰도록 강요당했으며, 노동자라는 말만 써도 불순분자나 빨갱이 취급을 받았다. 지금도 정부 차원에서는 5월 1일을 '노동절'이 아니라 '근로자의 날'이라고 부르고 있지만, 노동자라는 말을 쓴다고 해서 이상한 눈으로 보는 사람은 거의 없어졌다. 시대가 그만큼 달라졌다는 이야기고, 스스로를 근로자가 아니라 노동자라는 이름으로 부르겠다고 나선 노동자가 많아진 결과다.

　언어도 시대의 산물인만큼 시대의 흐름에 따라 사용하는 어휘도 달라지기 마련이다. 시대가 요구하는 가치가 담긴 어휘를 만들어서 퍼뜨리고 꾸준히 사용하려는 노력이 필요한 것은 물론이다.

4
{ 위장된 말의 이면 }

　팔이나 등에 '차카게 살자'라는 문구를 문신으로 새기고 다니는 조폭이 있다. '차카게 살자'라는 말은 그들이 개과천선해서 남에게 폭력을 행사하지 않고 말 그대로 '착하게' 살자는 다짐을 위한 것일까? 다들 짐작하다시피 이 말에는 화가 나면 남을 해칠 수 있으니 웬만하면 나를 건드리지 말라는 뜻이 담겨 있다. 일종의 경고문인 셈이다. 이와 같이 우리가 사용하는 말은 표면에 드러난 뜻과 이면에 숨겨진 뜻이 다른 경우가 많다.

　12·12 쿠데타로 정권을 잡은 전두환 씨가 체육관 선거로 대통령이 된 다음 내세운 구호가 '정의사회 구현'이었다. 말뜻 그대로만 보면 나무랄 데 없이 훌륭한 구호다. 하지만 정의로운 사회를 만든다는 구실로 수많은 사람을 삼청교육대로 끌고 가서 잔혹한 짓을 저질렀다. '정의사회

구현'이라는 말은 정당하지 못한 방법으로 정권을 차지한 세력이 자신들의 과오를 위장하기 위해 끌어들인 수사였을 따름이다.

'자율 학습'이라는 말은 어떤가? 자율의 사전적인 의미는 "남의 지배나 구속을 받지 아니하고 자기 스스로의 원칙에 따라 어떤 일을 하는 일. 또는 자기 스스로 자신을 통제하여 절제하는 일"을 뜻한다. 하지만 과거에 중·고등학교에서 이루어지던 자율 학습은 자율이라는 말과 거리가 멀었다. 학생의 의지와 상관없이 학교에서 일방적으로 몰아붙여 이루어지던 학습일 뿐이었다. 그러니 정확하게 이름 붙이자면 '타율 학습'이라고 해야 했다. 학교 관리자라고 해서 방과 후에 모든 학생이 학교에 남아서 학습을 하도록 시키는 일이 자율이라는 말에 합당하지 않다는 사실을 몰랐을 리 없다. 그런데도 타율 학습이 아닌 자율 학습이라는 말을 사용한 까닭은 그렇게 해야 자신의 부당한 처사를 가릴 수 있었기 때문이다.

『한겨레』가 2012년 1월 4일부터 12월 31일까지 모두 30차례 열린 방문진 이사회 회의록을 입수해 살펴보니, 방문진 일부 이사는 △문화방송 노사 단체협약에서 공정방송 관련 조항 개정 △노조의 상급단체(전국언론노동조합) 탈퇴 유도 등을 지속적으로 언급했다. 이는 모두 최근 공개된 국정원의 '문화방송 정상화 전략 및 추진방안'(2010년 3월 작성)

문건에 등장하는 내용이다.

—『한겨레신문』(2017년 10월 17일 자)

이 기사에 나오는 '정상화'라는 말은 어떤 뜻을 담고 있을까? 잘못된 것을 바로잡는다는 말인데, 바로잡기 위한 행동이 단체협약에서 공정방송 관련 조항을 개정하고 노조의 상급단체 탈퇴를 유도하는 것이라면 이상하지 않은가. 국정원이 말하는 정상화는 일반인이 말하는 정상화와 다른 차원의 의미를 담고 있는 셈이다. 즉 정권의 입맛에 맞는 방송을 하도록 방송사를 장악하는 일, 그게 국정원이 말하는 정상화의 개념이다.

실제 내용과 다른 말을 끌어들여 허위를 진실로 포장하는 이유는 뭘까? 두 가지 측면에서 바라볼 수 있다. 첫째는 말이 가진 힘을 그들도 알기에 그 힘을 이용하기 위함이다. 아름답고 좋은 말일수록 사람의 눈을 가리기 쉽다. 그래서 가능하면 좋은 말, 정의로운 말로 자신의 행동을 합리화하거나 관철하려는 경향이 있다. 둘째는 자신의 행위가 잘못되지 않았음을 스스로에게 주입시키기 위해서다. 그렇게 자기 세뇌를 해야 자칫 회의에 빠질 수도 있는 자신을 붙들어 둘 수 있기 때문이다. 말은 그런 주술성을 갖고 있기도 하다. '나는 착한 사람이야. 정말 착한 사람이야'라고 되뇌면 정말로 자기가 착한 사람이 된 것 같은 착각에 빠지게 된다. 이런 주술성은 나쁘게 사용될 수도 있지만 좋은 쪽으로 사용하면 얼마든지 긍정적인 효과를 얻을 수도 있다. 몸이 아프거나 실패의 늪에 빠진 사람이 자신에게 스스로 용기를 불어넣는 말을 할수록 없던 용기도 생기는 법이다.

지배 계층일수록 언어를 통한 상징 조작을 많이 한다. 우리나라에 존재했던 정당 이름을 살펴보면 가장 선호하는 말이 자유, 민주, 공화, 정의 같은 단어이다. 이승만 정권 시절의 여당의 이름은 자유당이었고, 박정희 정권 시절에는 민주공화당, 전두환 정권 시절에는 민주정의당이었다. 하나같이 정당 이름에 담긴 가치를 실현하고자 하는 노력과 반대의 길로 걸어갔음을 역사의 경험에서 알 수 있다. 박근혜 전 대통령 탄핵 이후에 조원진 의원 등이 태극기 부대를 앞세워 만든 정당 이름은 대한애국당이다. 극우에 가깝다고 평가되는 대한애국당이 생각하는 애국의 개념이 무엇인지 궁금해지는 대목이다.

지배 계층의 언어 조작은 특히 역사 사건을 명명할 때 두드러지게 나타난다. 박정희 정권은 그 자신이 일으킨 5·16 쿠데타는 본인이 죽기 전까지 교과서에 줄곧 '혁명'으로 기록한 반면 4·19혁명은 '의거'라는 말에 갇혀 지내도록 했다. 정부 차원에서 4·19의거를 4·19혁명이라는 이름으로 부르기 시작한 때는 김영삼 정부 시기였다. 군사 정권이 물러선 다음에야 제대로 된 이름을 찾은 셈이다. 1980년에 일어난 5·18 광주의 비극은 오래도록 '광주

사태'라는 이름으로 불렸고, 호헌철폐를 외치며 수많은 시민이 거리로 나섰던 1987년 6월의 궐기를 당시 정부에서는 '소요사태'라는 말로 정리했다. 지금은 각각 '5·18광주민주화운동'과 '6·10민주항쟁'이라는 이름을 얻었지만, 보수 집단에서는 아직도 제대로 된 이름을 부르길 꺼려 한다. 심지어 박근혜 전 대통령 시절에 장관 후보로 나선 이 중 상당수가 청문회에서 5·16의 성격을 묻는 질문에 쿠데타나 군사정변이라는 표현을 외면했던 일도 있다.

'문화 상품'이나 '문화 산업'이라는 말이 아무렇지도 않게 사용되는 시대를 살아가고 있다. 문화를 상품이나 산업이라는 말과 등치시키는 것이 과연 문화의 본질에 맞는 걸까? '녹색 성장'이라는 말 역시 녹색의 가치와 성장이라는 어울리지 않는 조합으로 이루어져 있다. 요즘은 정치권력보다 자본 권력이 더 큰 힘을 가지고 있다는 말들을 한다. 자본은 이윤을 창출할 수만 있다면 어떤 수단이든 동원하는 성격을 지녔다. 특히 우리나라 재벌은 사주와 주주 이익만을 위해 존재한다는 게 국민들에게 비치는 모습이다. 그런 모습을 감추기 위해 '국민 기업'이라는 말을 내세우는 곳이 있는가 하면, 강제 퇴직을 '희망퇴직'이라는 말로 포장하기도 한다.

지배 계층이 왜곡하거나 오염시킨 언어를 깨뜨리기 위해서는 민중의 각성된 힘이 필요하다. 방금 '민중'이라는 말을 썼는데, 의도적으로 그렇게 표현했다. 1970–1980년대에는 '민중'이라는 말에 지배 계층이 빨간 칠을 해서, 당시의 표현대로 하면 '용공 세력' 혹은 '불순 세력'과 거의 같은 뜻을 가진 말로 몰아갔다. 1985년에는 『민중교육』이라는 제목의 잡지를 문제 삼아 잡지를 발행한 실천문학사의 송기원 주간과 필자인 김진경, 윤재철 교사를 국가보안법 위반으로 구속하고 필자로 참여한 나머지 교사도 모두 학교에서 쫓아냈다. 지금의 눈으로 보면 아무것도 아닐 수 있는 일을 심각한 공안 사건으로 몰아가도록 한 데는 '민중'이라는 용어가 큰 역할(?)을 했다고 생각한다.

5
{ 어휘의 정치성 }

아리스토텔레스는 『정치학』에서 인간은 본래 '정치적 동물'이라고 했다. 인간을 이렇게 정의한 근거로 인간이 언어를 가지고 있다는 사실을 들었다. 사람은 누구나 언어를 통해 자신의 생각을 남에게 전달하고, 언어를 통해 다른 생각을 가진 이와 견해를 조율하는데, 이런 과정 전체가 정치에 해당한다고 보았기 때문이다. 정치라고 하면 흔히 정치인이 하는 행위만을 가리키기 쉽지만 그건 좁은 의미의 정치일 뿐, 우리가 사회 속에서 다른 사람과 어울려 이루어 내는 모든 행위는 결국 정치에 접속될 수밖에 없다. 사람이 모여 살면 거기서 갈등이 생기기 마련이고, 갈등을 조정하거나 풀어내는 데 필요한 것이 넓은 의미에서의 정치 행위다. 갈등을 조정하고 풀어내는 수단이 바로 언어다.

'정치범'이라는 말이 있다. 정치범을 국어사전에서는 "국가 권력이나 정치 질서를 침해하는 범죄. 또는 그런 죄를 저지른 사람"을 뜻하는 말로 풀고 있다. 이 정치범이라는 말 대신 '양심수'라는 말을 쓰는 사람들이 있다. 양심수를 국어사전에서는 "사상이나 신념을 내세워 행동한 이유로 투옥되거나 구금되어 있는 사람"이라고 한다. 모든 인간은 자신에게 이익이 되는 방향으로 움직인다. 그게 인간의 속성이다. 이 말은 인간은 누구나 이기적이라는 말과는 뉘앙스가 다르다. 자신의 행위에 정당성을 부여하지 않으면 자기 존재를 부정하는 거나 마찬가지라서 사람은 누구나 자신의 행위를 설명할 수 있는 말을 찾아내려고 애쓴다. 그래서 정치권력을 쥔 사람은 정치범이라는 말을 선호하고, 그에 맞서는 사람은 양심수라는 말을 내세운다. 자신의 이익에 맞아떨어지기 때문이다.

  전두환 전 대통령 시절인 1985년의 12대 국회의원 선거에서 신한민주당이 돌풍을 일으키며 제1야당이 되었다. 야당 정치 지도자인 김영삼과 김대중 씨의 지원을 받아 이루어 낸 결과였다. 힘을 얻은 신한민주당은 국회 개원 조건으로 김대중 사면 복권과 양심수 전원 석방 등을 내걸고 여당과 협상을 벌였다. 하지만 여당은 양심수라는 말 자체를 인정하려 들지 않았으며, 견해차를 좁히지 못해 오랫동안 줄다리기를 해야 했다.

법무부와 검찰 관계자들은 우선 '양심수'라는 표현 자체에 심한 거부 반응을 보이고 있다. 특히 대공 관계로 국가보안법 등 위반 사실이 드러나 10년 이상의 징역형이 확정된 사람들까지 '양심수'로 표현하는 것은 자유 민주 체제 유지에 혼란을 줄 우려마저 있다고 지적했다.

관계자들의 이런 견해는 국가보안법 위반자 중 상당수는 석방 검토 대상자로 논의조차 할 수 없다는 입장으로 이어진다.

관계자는 양심수란 단어 대신에 공안사범이나 국사범이란 표현을 쓴다.

—『동아일보』(1985년 4월 15일 자)

공안 사범이나 국사범으로 불러야 한다는 데서 권력 집단에 속한 이들의 마음이 읽힌다. 양심수라는 말이 우리나라에서 쓰이기 시작한 때는 국제인권연맹이 1977년을 '양심수의 해'로 정한 뒤부터다. 박정희 정권이 유신 헌법을 공포하고 긴급조치권을 발동하면서 모든 언로를 막아 버린 후 그에 저항하는 많은 학생과 민주 인사가 교도소로 끌려갔다. 그러자 구속자 가족이 이들의 석방 운동을 벌이기 시작했다.

1977년 8월 16일. 이희호 여사 등 양심수가족협의회 회원 50여 명, 서울 중구 제일교회에서 구속인사 석방 요구 단식

농성.

—『동아일보』(1977년 12월 8일 자)

이 기사에 '양심수가족협의회'라는 말이 나온다. '민주
화실천가족운동협의회'(이하 민가협)는 홈페이지에서 단체
를 결성하게 된 계기를 다음과 같이 소개하고 있다.

> 민가협의 뿌리는 유신 독재 시기로 거슬러 올라간다. 1974
> 년 민청학련 사건을 계기로 만들어진 '구속자가족협의회'를
> 모태로 1976년 양심범가족협의회의 전통을 이어 남민전 사
> 건, 재일교포간첩단 사건 등 유신 독재 시절부터 정치적 박
> 해를 받고 있던 가족들과 1985년 미문화원 사건, 민정당 연
> 수원 점거농성 사건 등 민주화를 요구하다 구속된 수많은
> 학생들의 가족들이 모여 '민가협'이라는 조직을 만들게 되
> 었다.

이 소개 글에는 '양심범가족협의회'라는 단체명이 나오
고 1976년에 만들었다고 되어 있다. 앞서 소개한 1977년
의 『동아일보』 기사에서는 '양심수가족협의회'라고 되어
있고, 이후에도 죽 같은 이름을 쓴 것으로 보아 처음에는
양심범이라는 말을 썼다가 어느 시점에선가 양심수라는
말로 바꾼 것으로 보인다. 양심범의 '범'犯은 범죄를 나타
내고, 양심수의 '수'囚는 갇힌 사람을 나타내므로, 양심에

따른 자신의 행위를 범죄로 인정할 수 없다는 뜻에서 용어를 바꿨을 게다. 이렇듯 대상과 현상을 바라보는 입장에 따라 낱말 하나에도 자기의 정치적 입장을 담고 있다.

양심수라는 말과 함께 최근에는 '양심적 병역 거부자'라는 말이 널리 퍼지고 있다. 예전에는 이를 '병역 기피자'라고 불렀다. 주로 여호와의 증인 신자가 자신의 종교 신념에 따라 살상 무기인 총을 들지 않겠다고 해서 병역 기피자가 되어 교도소로 갔다. 그러다가 종교 문제가 아닌 자신의 양심에 따라 총을 들지 않겠다는 사람이 나타났고, 이들에 의해 '양심적 병역 거부자'라는 말이 생겼다. 양심이라는 말의 뜻이 넓어진 셈이다. 더불어 '대체 복무'라는 개념을 만들어 자신이 선택한 행위가 결코 책임 회피나 일신의 편의를 위한 것이 아님을 증명해 보이고 있다. 대체 복무제 논의가 정치권에서 이루어지고는 있으나 언제쯤 실현될지는 미지수다. 양심수라는 말도 양심적 병역 거부자라는 말도 필요 없는 날이 조금이라도 앞당겨지면 좋겠다.

6
{ 늘리려면 버려야 한다 }

교사로 근무하는 동안 들은 말 중에 가장 이해하기 힘든 말이 '퇴청'이었다. 근무 시간을 마칠 무렵이면 "이제 그만 퇴청하세요"라든지 "퇴청할 시간입니다"와 같은 말을 쓰는 관리자가 있었다. 관리자가 쓰니 일부 교사도 덩달아 "아직 퇴청할 시간이 안 됐나?"처럼 쓰기도 했다. 퇴청退廳이라는 말은 관청에서 근무를 마치고 집으로 돌아간다는 뜻인데, 그렇다면 학교가 관청이라는 말인가 싶어 고개를 갸우뚱거리곤 했다. 일제강점기 때부터 사용한 것으로 보이는 이 말은 진작 버렸어야 하지만 관성의 힘이 강하다 보니 오래도록 학교 현장에 살아남아 있었다. 아직도 더러 퇴청이라는 말을 쓰는 교사가 있는데, 마땅히 퇴근이라는 말로 바꾸어 써야 한다.

학교 현장에서 사라진 말에 '백묵'이나 '흑판' 같은 말이 있다. 지금은 분필과 칠판으로 바꾸어 쓰고 있지만 나이 드신 분은 추억처럼 저 말을 떠올리기도 할 터이다. 백묵과 흑판이 사라진 건 말의 뜻과 사물의 본질이 일치하지 않기 때문이다. 백묵은 '하얀 먹'이라는 뜻인데, 노란색이나 파란색은 어떻게 할 것인가? 흑판 역시 초록색이나 하얀 색에는 맞지 않는 말이다.

백묵과 흑판은 자연스레 사라졌지만 끈질기게 남아 있는 말이 있다. '학부형'이라는 말이 그렇다. 교육부에서 학부형 대신 '학부모'라는 말을 쓰도록 한 지 오래되었지만 여전히 학부형이라는 말이 입에 붙은 사람이 많다. 학생 보호자로 아버지와 형을 올려놓은 학부형이라는 말은 가부장제 사회에서나 쓸 수 있는 말이다. 학부형을 버리고 학부모를 쓰는 것은 단순히 낱말을 바꾸는 게 아니라 낡은 인식과 결별하는 행위이다.

학교 안에서 쓰는 말을 예로 들었지만 다른 분야에도 이런 말이 꽤 많다. 별 생각 없이 무의식중에 쓰고 있는 말을 점검해 볼 필요가 있다. 그렇게 해서 낡은 말은 버리고 합당한 뜻을 담은 새로운 말을 써야 한다. 어휘를 늘린다는 것은 버린다는 말과 통하는 지점이 있다. 버릴 걸 버려야 빈 자리에 새로운 게 들어올 수 있다. 말은 인식을 반영하는 매개체이므로 끊임없이 자신의 인식 체계를 들여다보고 바르고 정확한 뜻이 담긴 말을 쓰도록 노력해야 한다.

찾아보면 그렇게 해서 바뀐 말이 무척 많음을 알 수 있

다. 장님 대신 '시각장애인'을 쓰거나 도둑고양이 대신 '길
고양이'(줄여서 길양이 혹은 길냥이라고 한다)를 쓰기 시
작한 것이 그런 예에 속한다. 아무 생각 없이 쓰고 있는 어
휘에 관해 더 예민해질 필요가 있다. 예민한 감성으로 들
여다보면 여전히 바꾸어야 할 말이 눈에 들어온다. 신문
기사 하나를 보자.

"이제 '우성', '열성'이라는 용어는 쓰지 않습니다."
일본 유전자학회가 오해나 편견으로 이어질 우려가 있다는
이유로 '우성'과 '열성' 등 유전 관련 용어를 개정했다고 7
일 『아사히신문』이 보도했다. 유전자학회는 이 같은 개정
사항을 용어집으로 정리해 이달 중 일반용으로 발매할 예정
이다.
멘델의 유전법칙 용어로 사용되어 온 '우성'과 '열성'이란 용
어는 유전자의 특징이 나타나기 쉬운지 여부를 표시하는 데
지나지 않는다고 전문가들은 말한다. 하지만 '뛰어나다', '뒤
떨어진다'라는 어감이 있어 오해받기 쉬웠다. '열성 유전병'
으로 진단받은 사람은 부정적인 이미지를 품게 되어 쉽게
불안해지곤 한다.
유전자학회는 일본 인류유전학회와의 협의를 통해 용어 사
용 재검토를 진행해 왔다. 이에 따라 '우성'은 '현성'顯性, 눈
에 띄는 성질, '열성'은 '잠성'潛性, 숨어 있는 성질'으로 바꾸
어 사용키로 했다. 또 'Variation'의 번역어로 사용되는 '변

이'는 '다양성'으로 바꾸기로 했다. 유전 정보의 다양성이 사람마다 다른 특징이 된다는 기본적인 생각을 선하겠다는 것이다. 아울러 색깔이 보이는 방식이 사람에 따라 다양하다는 인식에 기초해 '색각 이상'이나 '색맹'이라는 용어를 '색각 다양성'으로 바꿨다.

—『경향신문』(2017년 9월 7일 자)

이참에 우리도 '우성'이니 '열성'이니 하는 말을 버릴 수 있으면 좋겠다. 학교 현장에서 한때 '우열반'이라는 말을 쓴 적이 있다. 지금은 대부분 심화반이나 보충반 같은 말로 바꾸어 쓰고 있지만, 예전에는 우열반이라는 말이 왜 안 좋은 말인지 의문을 품는 사람이 드물었다. 우열반이라는 말과 함께 우등생과 열등생이라는 말도 버려야 한다. 문제아라는 말 대신 '부적응아'라는 말을 쓰기 시작한 지 오래되었는데도 여전히 문제아라는 말을 입에 올리고 있다면 자신의 언어 습관을 돌아볼 필요가 있다.

내가 대학을 다닐 무렵 학생 필독서 중 하나였던 이규호 씨의 『말의 힘』이라는 책에 "언어 표현의 행위는 수사학 修辭學이나 문학의 문제일 뿐만 아니라 또한 윤리학의 문제이다"(46쪽)라는 구절이 나온다. 말의 윤리학이라는 측면에서 고려해 본다면 왜 '병신'과 같은 말을 쓰지 말아야 하는지 쉽게 이해할 수 있다. 장애를 가진 가족의 구성원에게 '병신'이라는 말이 얼마나 아픈 상처로 다가갈 수 있는

지를 생각할 수 없다면 그 사람의 윤리 지수가 낮다고 보아야 한다. 그런 측면에서 '정신병'이라는 말 대신 '조현병'이라는 말을 쓰는 게 윤리적으로 바른 행위가 된다. 오른쪽 손을 뜻하는 말로 '바른손'을 쓰는 사람은 왼손잡이가 그 말에 불편을 느낄 수도 있다는 점을 살필 필요가 있다.

요즘 'PC'라는 말이 사람들 입에 많이 오르내리고 있다. 여기서 PC란 개인용 컴퓨터personal computer를 말하는 게 아니라 'Political Correctness'의 약자로 정치적 올바름을 뜻하는 말이다. PC 운동은 1980년대에 미국의 대학가에서 시작되어 전역에 퍼졌는데, 남녀, 인종, 외모 등의 차별을 가져올 수 있는 태도나 언어를 정치적으로 올바른 표현으로 바꾸기 위한 흐름을 이끌었다. 그래서 미혼여성을 뜻하는 'Miss'와 기혼여성을 뜻하는 'Mrs'라는 말 대신 둘을 합쳐 'Ms'로 부르자는 제안이 나왔고, 가정주부를 뜻하는 'house wife'를 'homemaker'로, 항공기 승무원인 'steward'나 'stewardess'를 성별 구분 없이 'flight assistant'로 바꾸어 부르자고 했다. 흑인 대신 아프리카계 미국인African-American으로, 인디언 대신 아메리카 원주민Native American으로 부르자는 움직임도 일어났다.

이러한 흐름은 우리나라에도 영향을 미쳤으며, 특히 여성 운동계를 중심으로 기존의 성차별적인 어휘를 바꾸기 위한 노력이 꾸준히 이어졌다. 매춘賣春이라는 말의 변화가 그런 흐름을 단적으로 보여 준다. 매춘은 돈을 받고 성을 파는 행위를 가리키는데, 이 말이 성을 파는 여성만 문제 삼는 표현이리고 해서 파는 사람과 사는 사람을 아우르는 표현으로 매매춘賣買春이라는 말을 만들어 썼다. 그러다가 이 말도 '춘春'이라는 말을 사용하는 게 적절하지 않다고 하여 요즘은 성매매性賣買라는 말을 쓴다. 미혼未婚 대신 비혼非婚으로, 폐경閉經 대신 완경完經으로 부르자는 주장도 같은 맥락에서 나온 말이다.

일부 여성 기독교인 사이에서는 교회에서 일상적으로 사용하는 '하나님 아버지'라는 표현에서 하나님을 왜 '아버지'라는 남성성에 가두냐는 항변이 나왔다.

주기도 새 번역안의 하나님상은 가부장적 이미지인 '아버지'로 문자적으로만 번역함으로써, 하나님 존재의 무한성을 제한하고 있다. 또한 양성평등 시대를 지향하는 현대 사회에 비추어 볼 때, '아버지' 표현은 시대 문화적 흐름을 전혀 반영하지 않고 있다. 기독 여성들은 새롭게 번역될 경우, 주기도 속의 하나님은 보편적이고, 무한하신 하나님상으로 표현되기를 오래전부터 요청해 왔다. 따라서 '아버지' 칭호가 당대에 포괄적인 하나님의 이미지를 담을 수 있고, 탈가부장적인 용어로 표현될 수 있도록 '아버지' 칭호 문제는 빠른 시일 내 재고되어야 할 것이다.

이 글은 2005년 5월 10일에 한국기독교교회협의회 여성위원회가 발표한 성명의 한 대목이다. 오래도록 가부장제 사회 속에서 살아온 만큼 특정한 어휘에 관해 남성이 느끼는 것과 여성이 느끼는 감정은 다를 수밖에 없다. 그런 차이를 무시하거나 외면하면서 문제 제기를 하는 측에 너무 예민하다거나 까칠하다는 식으로 말하는 것은 본질을 흐리는 일이다. 약자와 소수자의 입장을 헤아리기 위해서라도 우리는 그 목소리에 더욱 귀를 기울여야 한다.

살색은 어떤 색을 말할까? 우리가 사는 지구에는 황인종, 흑인종, 백인종 등이 살고 있는데, 인종별 피부색이 모두 다르다. 황인종인 우리나라 사람은 살색을 우리 피부색을 가리키는 말로 사용해 왔지만, 지금 우리나라에는 다양한 피부색을 가진 외국인 이주노동자가 들어와서 살고 있다. 그래서 더 이상 살색이라는 말을 사용하지 말자는 생각을 가진 사람이 있었다. 지금은 살색 대신 살구색이라는 말을 쓰도록 하고 있는데, 그렇게 된 경과는 다음과 같다.

민하 양은 외국인 노동자들의 '대부'로 불리는 김해성 목사의 딸. 김 목사가 2001년 8월 "크레파스 색깔 가운데 특정 색을 '살색'이라고 표현한 것은 인종차별"이라며 국가인권위원회에 진정을 내면서 '색깔 논쟁'에 관심을 갖기 시작했다. 인권위원회는 이듬해 8월 "한국산업규격KS에 특정 색을 '살색'이라고 한 것은 헌법 제11조의 평등권을 침해할 소지가 있는 것으로 인정된다"며 기술표준원에 개정을 권고 했다. 이에 따라 2002년 11월부터 '살색' 대신 '연주황'이 사용되었다.

그러나 민하 양 등은 이 문제를 놓고 생각을 거듭한 끝에 '딸들의 반란'을 일으켰다. 지난해 8월 "새로 바뀐 색깔인 '연주황'은 지나치게 어려운 한자어다. 이는 크레파스나 물감을 자주 쓰는 어린이에 대한 또 다른 차별이자 인권 침해"라며 알기 쉬운 '살구색'으로 바꾸어 달라고 국가인권위원회에 진정서를 냈다.

　　　　　　　　　—『한겨레신문』(2005년 5월 20일 자)

　살색이 살구색으로 바뀐 데는 어린이의 힘이 작용했다. 연주황을 생각하는 어른과 살구색을 생각하는 어린이 중에 누가 더 말에 예민했을까? 생각하기에 따라 별것 아닌 문제로 치부할 수도 있으나, 인권이란 관점에서 보면 매우 중요한 시사점을 던져 주고 있는 사례다. 참고로 앞의 기사에 나오는 '외국인 노동자'라는 말도 지금은 '이주노동자'라는 말로 바꾸어 표현하고 있는 추세다. '외국인'이라는 말은 다른 나라 사람이라는 데 강조점을 두어 국적의 차별성을 부각시키지만, '이주'라는 말은 노동을 위해 생활 터전을 옮기는 현상을 강조한다. '지구촌'이라는 말에 걸맞게 누구나 더 나은 노동과 생활 조건을 찾아 이주할 수 있음을 당연하게 여기자는 취지를 담고 있다.

　이 밖에도 기존에 사용하던 어휘에 많은 변화가 있었으

며, 지금도 새로운 어휘가 생겨나고 있다. 결손 가정이라는 말을 '한 부모 가정'으로 바꾸어 부르기 시작했고, 장애인의 반대말로 정상인 대신 '비장애인'으로 부르자는 제안이 호응을 얻는 중이다. 이를 이어받아 청소년 운동을 하는 사람 중에서는 청소년의 반대말로 '비청소년'을 내세우기도 한다. 이러한 움직임은 인권과 도덕적 감수성을 일깨우는 데 중요한 역할을 했다. 말이 가진 기능에는 단순히 어떤 것을 지칭하는 지시적 기능만 있는 게 아니라 사회적 의미를 끌어내는 기능도 있다는 걸 새삼 돌이켜 볼 필요가 있다.

약자와 소수자가 새로 만들어 제시하는 말은 기존의 언어 속에 담긴 차별과 편견에 맞서기 위한 대항 언어에 해당한다. 여성의 몸은 여성 자신의 것이라는 주체적 인식 속에서 낙태라는 말 대신 '임신 중단'이라는 말을 쓰자는 요구가 나온다. 어떤 말을 버리고 어떤 말을 선택할 것인가? 그것은 어느 편에 설 것인가 하는 문제와 가깝게 연결된다.

7
{ 어휘를 늘린 사람들 }

가난하고 가진 것 없는 이들이 도시의 비탈진 곳이나 산 중턱에 모여 사는 곳을 흔히 달동네라고 한다. 집도 허름하고 살기에도 불편한 곳이지만 이름만큼은 참 예쁘다. 달과 가까운 동네라는 뜻을 지닌 이 말은 누가 처음에 만들었을까? 백기완 선생이 구술하고 『경향신문』의 김준기 기자가 정리한 글에 '달동네'라는 말의 유래가 나온다.

지금은 '달동네' 하면 허름한 판잣집이 몰려 있는 산동네를 말한다는 것을 모르는 이가 없을 것이다.
하지만 이 말을 1950년대 중반 내가 처음 만들었다는 사실은 많이 알려져 있지 않다. 당시 나는 남산 밑 턱에 채알(천막)을 치고 야학운동을 하고 있었다. 가난한 피난민들이 게딱지 같은 움막집을 다닥다닥 지어 놓고 살던 남산의 산동네.

어느 겨울날 마을을 덮은 하얀 눈 위에 비친 달빛을 보며 황홀경에 젖어 이곳이 바로 달동네구나 하는 느낌을 받았다. 당시만 해도 그저 일본말로 '하꼬방 동네'라고 불리던 곳이었다. 나는 이곳에서 『달동네 소식지』라는 야학 소식지를 만들었다. 이후 달동네란 말은 점점 퍼져 나갔고 특히 지난 1970년대 텔레비전에서 같은 제목의 드라마가 방영된 후 더욱 일반화되었다. 달동네란 말이 이렇게 태어나게 됐다는 사실은 지난해 한글학회에서도 인정을 받았다.

—『경향신문』(1998년 4월 20일 자)

백기완 선생은 박정희 정권 시절에 반독재 투쟁을 하다 중앙정보부에 끌려가 모진 고문을 당했으며, 훗날 대통령 후보로 출마까지 했던 재야의 어른이다. 방금 '재야의 어른'이라는 말을 했는데, 이 '재야'在野라는 말도 1960년대 중반에 백기완 선생이 장준하 선생과 함께 기자에게 제안해서 쓰기 시작한 말이라고 한다. 앞 기사에 나오는 『달동네 소식지』에 쓰인 '소식지'라는 말도 1980년대 이후부터 신문 기사에 나오는 것으로 보아 백기완 선생이 처음 쓴 말이 아닐까 싶다.

지금 우리가 자연스럽게 쓰고 있는 말 중에 백기완 선생이 만든 게 무척 많다. 대학가에서 많이 쓰는 동아리나 새내기, 모꼬지 같은 말이 백기완 선생의 입에서 나왔다. 민중 문화 운동을 펼치던 백기완 선생은 옛날부터 민중이 쓰던 입말을 살려 쓸 것을 제안하고, 자신의 글과 저서에 그런 말을 적극 끌어들였다. 그런 말 중에 새뜸(뉴스), 맞뚜레(터널), 양떡집(빵집)처럼 호응을 얻지 못한 것도 있지만, 한자어나 외래어 대신 우리 토박이말을 살려 쓰려는 노력은 충분히 기림을 받을 만하다. 말 속에 우리 얼을 담고자 했던 백기완 선생 덕분에 우리 말글살이가 한층 풍요로워졌음을 기억할 필요가 있다.

우리말 어휘를 새로 만들어 보급한 사람으로 국어학자 최현배 선생을 빼놓을 수 없다. 최현배 선생은 철저한 한글전용론자로, 순우리말인 외솔을 호로 삼을 정도였다. 최현배 선생은 해방 후 문교부 편수국장으로 있으면서 새로 만든 교과서에 사용할 용어를 우리말로 다듬는 데 심혈을 기울였다. 그래서 탄생한 말이 덧셈, 뺄셈, 암술, 수술, 지름, 반지름, 세모꼴, 네모꼴 같은 것이다. 교과서 용어뿐만 아니라 도시락, 건널목, 단팥죽 같은 말도 최현배 선생에게서 나왔다. 최현배 선생은 교육 분야뿐 아니라 다른 분야에서 쓰는 말을 정비하는 데도 힘을 기울여, 군대에서 쓰는 용어도 대부분 최현배 선생이 만들었다고 한다. 방아쇠, 노리쇠, 개머리판 같은 우리말 용어 뒤에 최현배 선생이 있다는 사실을 아는 사람이 드물다. 모든 용어를 고유어로 바꾸려다 보니 현실을 무시하는 처사라는 반발도 많이 샀고, 고심해서 만든 교과서 용어 중의 상당수가 나중에 한자어로 바뀌기는 했다. 가령 흰피톨과 붉은피톨이라고 하던 걸 백혈구와 적혈구로, 세모꼴과 네모꼴이라고 하던 걸 삼각형과 사각형으로 되돌려 놓았다. 그럼에도 일제 강점기 때 사용하던 어려운 한자 용어 대신 쉽고 편한 말을 쓰도록 해 준 선생의 공로는 잊지 말아야 한다.

최현배 선생에 이어 우리말 바로 쓰기 운동을 펼친 이오덕 선생도 일본식 한자어와 일본 말투를 몰아내는 일에 힘을 기울였다. 하지만 한자어나 외래어를 모두 없앨 수는 없는 일이다. 고유어를 존중하고 널리 쓰도록 하는 것도 중요하지만 그 안에만 갇히면 언어생활의 폭이 좁아지면서 사고의 확장을 가로막는 결과를 가져올 수도 있다. 한자어는 한자어대로 외래어는 외래어대로 자기 역할이 있다. 스파게티를 서양 국수로 바꾼다고 해서 우리말이 풍부해지지는 않는다. 학습學習이나 수업受業이라는 말을 모두 배움이라는 말로 바꾸어 쓸 수도 없다. 언어란 서로 다른 언어를 넘나들며 영향을 주고받고, 그런 과정을 통해 새로운 어휘 자산을 늘려 간다. 가령 '보라매' 같은 말은 몽골 지배 당시에 들어온 말인데, 지금은 어원 자체도 희미해졌으며 보라매를 우리말이 아니라고 할 사람도 없다.

한자는 오래도록 우리 언어생활에서 중요한 역할을 해왔다. 가람이나 뫼처럼 한자어에 밀려서 사라진 고유어가 많다는 사실이 아쉽기는 하다. 그렇다고 해서 다시 옛 고유어를 살려 쓰자고 말하기도 어렵다. 고유어는 고유어대로 한자어는 한자어대로 인정하면서 함께 우리말 자산으로 삼아 어휘 목록을 늘려 가는 게 바람직하다. 그런 의미에서 근래 새로 만들어진 한자 어휘 몇 개를 살펴보기로 하자.

환경 운동가인 최성각 씨가 만든 말 중에 '삼보일배'三步一拜와 '생명평화'生命平和가 있다. 삼보일배는 세 번 걷고 한 번 절을 하는 행위를 말한다. 새만금 간척 사업을 막기 위한 행동 방법을 고민하던 최성각 씨가 처음 제안했다. 그후 삼보일배는 시위 구간을 행진하며 구호를 외치는 방식에서 벗어나 주장의 절실함을 나타내기 위해 자기희생을 보여 주는 방법으로 많이 사용되고 있다. 생명평화라는 말도 생명과 평화를 결합시킴으로써 생명 사상과 평화 운동이 같은 선상에 놓여 있음을 깨우쳐 주었다. 최성각 선생이 '생명평화'라는 말을 제안하고 직접 설명한 대목을 잠시 읽어 보자.

사람과 사람, 사람과 자연의 올바른 관계를 회복하는 일이 그 어느 때보다 화급하다. 우리는 그런 상생을 전제로 한 평화를 '생명평화'라 이름 붙이기로 한다. 생명평화는 산이 아프면 나도 아프고, 갯벌의 갯것들이 파묻혀 죽을라치면 같이 아파서 아스팔트 바닥에 삼보일배하며 생명 파괴에 대한 참회를 스스로 솔선하기도 한다.

그래서 생명평화는 현실적 폭력에 대응하기에 자칫 나약해

보일지 모르지만 그 맹목성 이타주의로 인해 사람의 가슴을 치고, 끝내는 눈물 흐르게 함으로써 더 항구적인 힘을 행사하게 될 것이다.

—「이제는 '생명평화'다」 중에서(『문화일보』 2003년 6월 13일 자)

　최성각 씨가 생명평화라는 말을 만들 수 있었던 이유는 환경 운동을 하며 자신의 사유를 계속 발전시켰기에 가능했다. 이 말이 널리 퍼지게 된 건 우리 시대가 안고 있는 문제와 해결책을 고민하는 사람의 마음에 가 닿았기 때문이다. 새로운 말이 정착되려면 이렇게 서로의 마음이 공감대를 이룰 수 있어야 한다. 누가 아무리 멋지고 예쁜 말을 만들어 냈다 할지라도 다른 이의 동의를 얻지 못하면 생명력을 가질 수 없다.

　국어학자나 많이 배운 사람만 말을 만들어 내는 것은 아니다. 누가 만들었는지 모르지만 참 잘 만들었다 싶은 말들이 있다. 그중에서도 나는 '댓글'이라는 말이 썩 마음에 든다. 처음에는 영어 리플라이reply를 줄여 '리플'이라고 했는데, 언젠가부터 '댓글'이라는 말이 쓰이더니 이제는 리플을 완전히 밀어냈다. 단순하면서도 누구나 쉽게 쓸 수 있도록 만들었기 때문이다. 인터넷 공간에서 지금 이 순간도 댓글놀이를 하며 즐거워하는 이들은 처음 '댓글'이라는 말을 쓰기 시작한 사람에게 고마운 마음을 가져야 한다.

‘봄까치꽃’이라는 말도 소개하고 싶다. 이 말은 아직 국어사전에 오르지 않았지만 언젠가는 그렇게 될 날이 오리라 믿는다. 봄까치꽃의 원래 이름은 ‘큰개불알풀’이다. 부르고 듣기에 좀 민망한 이 말은 어떻게 생겨났을까? ‘개불알풀’은 일본의 식물학자가 이 꽃의 열매 모양이 마치 개의 음낭을 닮았다고 하여 붙인 이름이다. 일본어로 된 이 말을 우리나라 식물학자가 그대로 직역하여 지금까지 사용하고 있었다. 그런데 이 말이 마음에 들지 않았던 누군가가 ‘봄까치꽃’이라는 새로운 이름을 붙였고, 꽃을 사랑하는 이들 사이에 이 새 이름이 알음알음 퍼져 나가기 시작했다. 봄까치꽃은 이른 봄에 피는 꽃으로 크기가 1센티미터도 되지 않을 만큼 작고 앙증맞게 생겼다. 우리나라 사람은 까치가 좋은 소식을 가져다주는 새라는 믿음을 가지고 있다. 거기서 착안하여 봄소식을 가져다주는 꽃이라는 뜻을 담아 봄까치꽃이라는 이름을 만들었다고 하는데, 무척 잘 지었다는 생각이 든다.

　지금 이 순간에도 누군가 새로운 말을 만들고 있을 것이다. 우리말 어휘를 늘리기 위해 애쓰고 있을 모든 이에게 고마움을 전한다.

8
{ 나만의 어휘 만들기 }

개성에 맞는 말 찾아 쓰기

어휘를 늘린다는 것은 결국 어휘를 자기 것으로 만든다는 이야기와 통한다. 그런데 어휘를 자신의 것으로 만드는 일이 그리 쉽지 않다. 어휘를 많이 알면 책을 읽을 때 이해도가 높아지고, 남과 대화할 때 상대방이 하는 이야기의 핵심이나 논점을 쉽게 파악할 수 있는 이점이 있다. 하지만 그것만으로는 충분하지 않고, 자신이 알고 있는 어휘를 적절하게 사용할 수 있는 수준까지 가야 한다. 무엇이든 사용하지 않으면 퇴화하게 마련이며, 머릿속에 담아 두고만 있다면 모르는 것과 다를 바 없다. 신체 기능과 마찬가지로 어휘도 계속 사용할 때 제 몫을 한다.

어휘를 제 것으로 만들기 위한 가장 좋은 방법은 어떤 종류가 됐건 글을 써 보는 것이다. 꼭 남에게 보여 주고자 하는 글이 아니어도 상관없다. 글을 쓰다 보면 생각이 막히거나 상황에 꼭 맞는 어휘를 찾지 못해 답답함을 느낄 때가 있다. 그럴 때는 이미 써 놓은 부분을 다시 되짚어가며 차분히 생각을 정리하는 게 필요하다. 그렇게 생각을 궁글리는 동안 뇌리 저편에 숨어 있던 낱말이 떠오를 때가 있다. 그렇게 끄집어낸 낱말을 문장 속에 집어넣고 나면 나중에 다른 글을 쓸 때 한결 쉽게 떠올릴 수 있다. 그렇게 몇 번 반복하는 사이에 그 낱말은 온전히 나의 어휘 목록에 오르게 된다. 그렇게 하나씩 어휘를 제 것으로 만드는 과정을 거쳤을 때 나의 어휘 사전은 점차 두께를 더해 간다.

어휘가 풍부해지면 당연히 글도 좋아진다. 단순한 문장이나 의례적인 표현이 아니라 말 그대로 개성이 뚜렷한 문장을 만들 수 있기 때문이다. 문장은 구조를 어떻게 가져가느냐에 따라 달라지기도 하지만 어떤 어휘를 어떤 자리에 배치하느냐에 따라 특별한 맛을 주곤 한다. 작가는 누구보다 자기만의 어휘가 풍부한 사람이다. 가령 『관촌수필』을 쓴 소설가 이문구 씨 같은 경우 충남 방언을 능수능란하게 구사하는 것으로 유명한데, 단지 충남 출신이어서가 아니라 자기 고향의 말을 꾸준히 자기 작품 속에 집어넣는 훈련을 했기 때문이라고 보아야 한다.

어휘력을 키운다고 해서 남이 잘 안 쓰는 말을 일부러 골라 쓰는 사람이 있다. 가령 '윤슬'이라는 고유어를 예로 들어 보자. 윤슬은 "햇빛이나 달빛에 비치어 반짝이는 잔물결"을 뜻하는 말이다. 남이 잘 안 써서 사어가 되다시피 한 말을 살려 내는 건 좋은 일이다. 하지만 뭐든지 정도가 지나치면 좋지 않듯, 다른 사람이 잘 모르는 낱말을 너무 많이 쓰면 오히려 읽기에 지장을 준다. '물비늘'이라는 말은 국어사전에서 "잔잔한 물결이 햇살 따위에 비추는 모양을 이르는 말"이라고 풀이해 놓았다. 윤슬과 물비늘이 같은 현상을 가리키는 말임을 알 수 있다. 물비늘이라는 말도 사람들은 잘 안 쓴다. 그냥 '강물 위로 햇살이 내려앉아 반짝이고 있다'는 정도로 표현하는 게 보통이다. 이럴 때 '강물 위로 내려앉은 햇살이 반짝이는 물비늘들을 토해 내고 있다'와 같은 문장을 만든다면 조금 더 멋진 표현이 될 수 있다.

　나만의 어휘를 만든다고 할 때 굳이 특별하거나 어려운 낱말로 한정 지을 필요는 없다. 때에 따라 철학이나 사회학 등에서 사용하는 개념어도 익히고 사용할 필요가 있지만, 그보다 우선할 것은 쉬우면서도 아름다운 말, 상황을 드러내기에 꼭 알맞은 말을 많이 만들어 두는 게 좋다. 문학 작품을 읽다 보면 '꽃몸살'이라는 낱말을 마주칠 때가 있다. 이 말은 『표준국어대사전』에는 올라 있지 않으나, 『고려대한국어대사전』에 "꽃이 필 무렵 갑자기 추워지면서 꽃이 피는 데 장애가 일어나는 현상을 비유적으로 이르는 말"이라는 풀이가 나온다. 하지만 꼭 이런 사전식 풀이에만 얽매일 필요는 없다. '꽃몸살'이 봄에 핀 꽃의 아름다움에 취한 상태를 가리킬 수도 있고, 꽃 몽우리처럼 부풀어 오른 마음을 나타낼 수도 있다. 문맥에 맞게 자신이 쓰고 싶은 대로 쓰면 될 일이다. 너무 억지스럽지만 않다면 그렇게 낱말을 자신의 언어 체계 안으로 끌고 들어오는 것도 그릇된 일은 아니다.

같은 뜻을 가진 낱말이라도 자신이 좋아하는 낱말을 선택해서 사랑해 주는 것도 나만의 어휘를 만드는 방법이다. 보조개 대신 볼우물을 쓴다든지 배우자 대신 옆지기라는 말을 쓸 수도 있다. 총각무와 같은 뜻을 지닌 말로 알타리무와 달랑무가 있다. 알타리무는 표준어로 인정받지 못하고 있지만 상당히 많은 사람이 쓰는 말이다. 표준어가 아니라고 해서 쓰지 말라는 법은 없으니 알타리무를 쓴다고 해서 괜히 주눅 들 필요는 없다. 같은 뜻을 가진 동의어라 할지라도 어감이 서로 다르므로 어떤 말을 선택해서 사용하느냐 하는 문제는 개인에게 달렸다. 나는 달랑무라는 말이 마음에 들지만 이 말 역시 표준어가 아니라 국어사전에서 찬밥 취급을 당하고 있다. 그런데도 총각무라는 말보다 달랑무라는 말이 훨씬 정감 있게 다가온다. 내가 총각무 대신 달랑무라는 말을 즐겨 쓰기 시작한다면 그 말은 나의 어휘가 될 수 있다.

때로는 표준어에 얽매이지 않는 자기 고집이 필요할 때도 있다. 소나 돼지의 여린 뼈를 가리켜 오돌뼈라고 한다.

하지만 국어사전에서 오돌뼈를 찾으면 눈에 띄지 않는다. 대신 '오도독뼈'라는 낱말이 그것도 몰랐냐며 한심한 듯 바라보는 표정과 마주치게 된다. 이럴 때 오돌뼈라는 비표준어를 사용한 잘못을 반성하고 오도독뼈를 써야 할까? 마찬가지로 어우렁더우렁이 표준어고 어울렁더울렁이 비표준어라고 해서 후자를 배척할 이유가 있을까? 어울렁더울렁의 어감이 더 마음에 들면 얼마든지 써도 된다. 실제로 현실 언어생활에서 어울렁더울렁을 쓰는 사람이 더 많다. 어우렁더우렁과 어울렁더울렁이 서로 얼크러진 세상이 더 아름다울 수도 있는 것 아니겠는가.

국어사전은 사전을 만든 사람이 정한 기준에 따라 어휘를 모아서 풀이해 놓은 것일 뿐, 그것이 절대적인 기준이 될 수는 없다. 내게 도움을 주는 참고 도서 정도로 활용하면서 나만의 기준을 따로 만들어서 쓰는 게 주체적인 언어 활용법이다.

한 가지 제안을 한다면, 자신이 좋아하는 어휘 목록을 만들어 보면 어떨까 싶다. 어휘를 늘리는 것도 중요하지만 그 전에 어휘를 사랑하는 자세 기르기가 먼저다. 김수영 시인은 「가장 아름다운 우리말 열 개」라는 글에서 마수걸이, 에누리, 색주가, 은근짜, 군것질, 총채, 글방, 서산대, 벼룻돌, 부싯돌을 꼽았다. 이를 본떠서 소설가 고종석 씨는 같은 제목으로 자신이 좋아하는 어휘 열 개를 소개했다. 가시내, 서리서리, 그리움, 저절로, 설레다, 짠하다, 아내, 가을, 넋, 술의 열 개 어휘를 제시하며 어휘가 자신에게 어떤 어감으로 다가왔는지도 자세히 밝혀 놓았다. 그런데 고종석 씨는 글을 발표한 다음에 다시 떠오른 어휘가 여럿 있었다며, 그중에 꼭 하나만 보탠다면 '그윽하다'를 넣고 싶다고 했다. 좋아하는 어휘를 열 개로 한정한다는 것 자체가 무리일 수 있겠다. 우리말 중에 아름다운 말이 어찌 몇 개의 어휘로 한정될 수 있겠는가. 그런데도 각자 자신이 좋아하는 어휘를 꼽고, 이유를 정리해 보면 재미있지 않을까? 그렇게 스스로 꼽은 어휘를 다른 이가 꼽은 어휘와 비교해 가며 이야기 나누는 자리를 마련하는 상상을 해보니 썩 흐뭇한 마음이 든다.

새로운 말 만들기

스스로 말을 만들어서 쓰는 것도 어휘를 늘리는 하나의 방법이다. 앞에서 윤슬과 물비늘이라는 낱말을 소개했는데, 거기서 조금만 더 나아가 보자. 전성호 시인이 쓴 「물별을 찾아서」라는 제목의 시가 있다. 제목에 나오는 '물별'을 국어사전에서 찾으면 "물별과의 한해살이풀"이라고 소개한다. 하지만 전성호 시인이 사용한 물별은 풀의 이름이 아니다. 시인이 스스로 만든 말이다 보니, 낯설어할 독자를 위해 시 끝에 다음과 같이 낱말 소개를 해 놓았다.

흐르는 계곡물이 웅덩이나 모서리에 부딪혀 휘돌아 나갈 때 수면에 생기는 볼우물 같은 별 모양의 물무늬. 햇빛이 비칠 때 물별은 하상河床에 자신의 원형 그림자를 데리고 흘러간다.

마땅히 표현할 말이 없을 때는 얼마든지 새로운 말을 만들어 쓸 수 있고, 이렇게 만든 말이 사람들 사이로 퍼져 나가다 나중에 국어사전에 오르지 말라는 법도 없다.

내가 만들어 쓴 말 중에 '조고설하'照顧舌下라는 게 있다. 불교계에서 사용하는 '조고각하'照顧脚下라는 용어를 살짝 변형시킨 말이다. 조고각하는 국어사전에 표제어로 올라 있지 않지만, 절에 가면 댓돌 위에 써 붙인 글귀를 종종 볼 수 있다.

이 말이 생긴 유래가 있다. 중국 송나라 때 한 고승이 밤중에 제자들과 산길을 가던 중 등불이 꺼져서 사방이 캄캄해졌다. 고승이 제자에게 어쩌면 좋겠냐고 물었을 때 제자 하나가 '조고각하'라는 대답을 내놓았다. 말 그대로 발밑을 잘 내려다보라는 뜻이다. 한 치 앞도 보이지 않는 상황에서 자칫 발을 잘못 내디디면 낭떠러지로 떨어질 수도 있으므로 한 발 한 발 조심히 살피면서 걸어야 한다. 절의 댓돌 위에 써 붙인 '조고각하'는 자신이 벗은 신발을 잘 살피고 가지런히 놓으라는 뜻을 담고 있다. 불전에 들면서 자기 신발조차 똑바로 놓지 못한다면 그런 마음가짐으로 무슨 수행을 하겠냐는 뜻을 전하는 말이기도 하다.

일반적인 의미로는 불교에서 말하는 것과 상관없이 지금 자신이 서 있는 자리를 늘 살피면서 행동을 조심하라는 말로 쓰인다. 성찰을 강조하는 말인 셈이다. 그런데 발밑만 잘 살피면 되는 걸까? 우리 속담에 "혀 밑에 도끼 들었다"라는 게 있다. 혀를 잘못 놀리면 애먼 사람을 죽일 수도 있음을 경계하는 속담이다. 그래서 나는 혀 밑을 조심하라는 뜻에서 '조고설하'라는 말을 만들어 쓸 수 있다고 생각한다. 나아가 글을 쓰는 사람이라면 '조고필하'照顧筆下라는 말을 써도 좋겠다. 말도 말이려니와 글도 사람을 해칠 수 있으니, 늘 자신의 붓 아래를 내려다보며 글을 써야 함을 일깨우기에 알맞을 듯하다.

한편, 내가 글을 쓰는 사람이다 보니 동료나 선후배 문인이 자신이 쓴 책을 보내 주는 경우가 있다. 나 역시 다른 이에게 내가 쓴 책을 보내고는 한다. 그럴 때면 보통 속표지에다 받는 사람 이름과 자신의 서명을 함께 적기 마련이다. 이때 받는 사람 이름 뒤에 '○○ 선생님께'나 '○○님께'라 적고, 자신의 이름 뒤에는 '드림' 정도를 붙이면 무난하다. 하지만 상대를 높이거나 존중하는 마음을 담아 상대방 이름 뒤에 '혜존'惠存이라는 말을 붙이는 경우가 있다. 나는 어려운 한자로 된 말을 좋아하지 않아 한 번도 써 보지 않았지만, 내 이름 뒤에 '혜존'이 붙은 책은 꽤 받았다.

내가 그런 대우를 받을 만한 사람인가 싶지만 보내는 이의 마음을 헤아려 고맙게 여긴다.

『표준국어대사전』이 정의하고 있는 '혜존'의 풀이는 다음과 같다.

'받아 간직하여 주십시오'라는 뜻으로, 자기의 저서나 작품 따위를 남에게 드릴 때에 상대편의 이름 아래에 쓰는 말.

여러 사람이 쓰고 있지만, 이 말을 꺼리는 사람도 많다. 꺼리는 이유는 몇 가지가 있는데, 우선 일본에서 만들어진 한자어이므로 가능하면 안 쓰는 게 좋겠다고 하는 사람이 있다. 우리나라에서는 받은 사람이 은혜롭게 잘 간직하겠다는 뜻으로 쓰던 말인데, 일제강점기를 거치면서 일본어사전에 나온 뜻풀이를 우리나라 국어사전이 그대로 옮겼다는 근거를 대고 있기도 하다. 하지만 중국어사전에도 같은 말과 같은 뜻풀이가 실려 있는 것으로 보아 '혜존'이 일본식 한자어인지에 관한 진위를 파악하기는 힘들다. 다음으로는 '받아 간직하여 주십시오'라는 풀이를 문제 삼아, 받아서 간직하기만 할 책을 뭐하러 보내느냐고 하는 사람이 있다. 책은 간직할 대상이 아니라 읽어야 할 대상이라는 뜻에서 일리 있는 지적이다. 그래서 혜존 대신 혜감惠鑑이나 혜람惠覽이라는 말을 대안으로 제시하는 글을 본 적도 있다. 둘 다 국어사전에 올라 있는 말이며, 보아 달라는 뜻을 담고 있으므로 혜존보다는 나아 보인다. 그렇다면 혜감과 혜람은 아무런 문제가 없을까? 세 낱말 모두 은혜를 뜻하는 '혜'惠가 들어 있어 윗사람에게 쓰면 예의에 어긋난다는 사람이 있다. 자신이 보내는 책을 은혜롭게 여기라는 뜻으로 읽힐 수 있으니 결례라는 것이다.

그냥 좋은 뜻으로 주고받으면 되지 낱말 하나 가지고 뭘 그리 따지냐고 할 수도 있다. 하지만 언어에 민감한 사람 입장에서는 충분히 따지고 들 수도 있는 문제다. 혜존이라는 말에 관한 문제 몇 가지를 함께 생각해 보자.

첫째, 남이 많이 쓰는 말이니까 별 생각 없이 따라서 쓰는 경우.

둘째, 평범한 말보다는 뭔가 그럴듯해 보이는 말을 씀으로써 자신을 돋보이도록 하고 싶은 경우.

셋째, 순우리말보다 한자어가 더 격식 있는 표현이라고 생각하는 경우.

어떤 경우가 되었건 자신이 무심코 쓰는 말을 한 번쯤 돌아보는 것도 나쁘지는 않다. 최근에 내 이름 뒤에 '청람'淸覽이라고 적어 보낸 시집을 받은 일이 있다. 국어사전에는 "남이 자신의 글이나 그림 따위를 보아 줌을 높여 이르는 말"이라는 풀이가 달려 있으며, 맑은 눈으로 보아 달라는 뜻을 담고 있는 듯해 혜감이나 혜람보다는 낫겠다는 생각을 했다.

이렇듯 자신만의 어휘를 찾아서 혹은 만들어서 쓰는 사

람이 있다. 다만 간혹 너무 낯설거나 어려운 말을 쓰는 것은 경계할 필요가 있다. 자칫 상대에게 불편한 기분이나 위화감을 줄 수도 있으므로.

요즘은 손 편지를 쓰는 일이 거의 없고 웬만하면 문자나 메일로 대신한다. 예전에는 편지 끝에 '배상'拜上이라는 말을 쓰는 사람이 많았고, 지금도 간혹 끝에 배상이 붙은 메일을 받을 때가 있다. 배상을 『표준국어대사전』에서는 "절하며 올린다는 뜻으로, 예스러운 편지글에서 사연을 다 쓴 뒤에 자기 이름 다음에 쓰는 말"이라고 풀이해 놓았다. 그러면서 '올림'이라는 말로 순화해서 쓸 것을 권유하고 있다. 우리나라 사람이 한자어를 남용하면서 그게 더 훌륭한 표현이라고 여기는 경향이 있음을 볼 때, 배상보다는 '올림'이나 '드림' 정도가 적당하지 싶다. "과공過恭은 비례非禮"라는 옛말을 끌어오지 않더라도 자신을 지나치게 낮추는 것은 그리 바람직한 일이 아니라고 생각한다.

편지나 메일 끝에 쓰는 말도 참 다양하다. 사람마다 생김새뿐만 아니라 개성도 천차만별이기 때문이다. 내게 오는 메일을 살펴보면 '드림'이나 '배상' 외에 '모심'이나 '절', '삼가', '두 손 모아', '합장' 같은 것이 있다. 특이하게 '엎드림'이라는 말을 쓴다는 사람도 있다.

메일이나 문자 메시지를 쓸 때면 저는 항상 엎드립니다. 정말 엎드리는 것은 아니고 마지막에 제 이름을 쓴 다음 '엎드

림'이라고 썼어요. '김상득 엎드림.' 언제부터 어쩌다가 '엎
드림'이란 표현을 쓰기 시작했는지 정확히 알 수 없지만 시
작은 아마 이러했을 것 같습니다. 원래 편지를 쓸 때 이름
뒤에 붙이는 '배상'이란 말이 있지요. 그 말을 풀어 쓰면 '엎
드려 올림'이 됩니다. 처음에는 그렇게 썼겠지요. 그러다 어
느 순간 다섯 글자는 너무 긴 것 같고 좀 귀찮기도 해서 '엎
드림'으로 줄여 쓰지 않았을까 싶습니다.

— 김상득, 「서문」, 『행복어사전』(오픈하우스, 2017)

　자신만의 어휘를 갖는다는 건 좋은 일이다. 천편일률의
세상에서 자신의 개성을 도드라지게 나타낼 수 있다는 점
만으로도 의미가 있다. 나아가 상대방으로 하여금 '나도
나만의 표현을 만들어 볼까' 하는 생각을 갖게 할 수도 있
다. 가령 앞에 소개한 김상득 씨의 경우 '엎드림'이라고 보
냈더니 그걸 본떠서 '일으켜 세움' 또는 '마주 엎드림', '더
납작 엎드림' 같은 말을 사용해서 답신을 보내온 이가 여
럿 있었다고 한다. 심지어 '드러누움'이라고 쓴 사람도 있
었다고 하니, 낱말 하나가 얼마나 사람을 즐겁게 하는지
알 수 있다. 이런 유쾌를 불러일으킨 것은 '엎드림'이라는,
어찌 보면 특별할 것도 없는 낱말 하나에서 비롯되었다.

나만의 어휘를 쓰는 사람들

내가 아는 이 중에 대안 학교에서 아이들을 가르치는 교사가 있다. 이 사람은 자기가 가르치는 아이를 항상 벗이라고 부른다. 말로 할 때도 그렇고 글로 쓸 때도 그렇다. 벗이라는 말은 보통 나이가 비슷한 또래끼리 쓰는 말이다. 하지만 이 사람은 자기가 가르치는 학생보다 30년 이상 나이가 많다. 그런데도 제자를 스스럼없이 벗이라고 부른다. 제자가 자신을 부를 때는 이름 대신 별명으로 부르라고 한다. 단순히 교사와 제자 간의 거리감을 없애기 위한 차원이 아니라 자신만의 교육 철학에 따른 호칭이다. 잠시 그 사람의 말을 직접 들어 보자.

네가 있어서 내가 있고 내가 있어서 네가 있다는 것은 나이를 불문하는 것이다. 학교에는 동반자만 있을 뿐이다. 너와 내가 없으면 학교는 없는 것이다. 교사인 '나'만큼 학생인 '너'가 중요한 것이다. 그 반대도 마찬가지다. 하여 교사와 학생은 서로가 벗이다, 상장相長하는.
— 황덕명,『야생의 교육』(삶창, 2015), 8쪽.

학교에서 쓰는 말 중에 '사제동행'師弟同行이라는 게 있다. 어떤 일이나 행사를 하든 교사와 학생이 함께하는 것을 이르는 말이다. 본래는 교사와 학생이 함께 공부하며 학문이나 진리의 길을 찾아간다는 뜻을 담고 있지만, 학교 안에서는 매우 좁은 뜻으로만 사용하고 있는 게 현실이다. 교사와 학생이 같은 공간에 있으면 사제동행이라는 식으로. 그에 반해 앞글을 쓴 황덕명 선생은 말뜻 그대로 사제동행을 실천하고 있는 셈이다. 그랬을 때 벗이라는 말은 국어사전에 실린 보통명사가 아니라 황덕명 선생 고유의 어휘가 된다.

스스로를 'B급 좌파'라고 부르는 칼럼니스트 김규항 씨는 '인민'이라는 말을 즐겨 쓴다. '종북'으로 몰리기 딱 좋은 말인데도 버젓이 쓰는 이유는 김규항 씨가 갖고 있는 생각의 뿌리가 있어서다.

인민이라는 말은 일제강점기 때부터 해방 직후까지 폭넓게 쓰였다. 1945년에 해방이 되자 여운형 등을 중심으로 조선건국준비위원회가 설립됐다. 일본에서 주권을 이양받아 하루빨리 독립 국가의 틀을 잡기 위한 목적으로 세워진 단체다. 이 단체에는 좌익 계열의 인사가 다수이긴 했으나 중도파와 우파 민족주의자도 꽤 많이 참여했다. 좌우 합작 단체였던 셈이다. 조선건국준비위원회는 9월 6일에 전국인민대표자대회를 열어 조선인민공화국 건국을 선포하고 중앙인민위원회를 설치함과 동시에 각 지역 인민위원회를 조직하기 시작했다. 당시 중앙인민위원회는 이승만을 주석으로, 김구를 내무부장으로 추대했다. 이때만 해도 인민이라는 말에 붉은색이 칠해지지 않았다. 그러다가 미 군정이 조선인민공화국을 부정하고 이승만이 다른 조직을 만들어 이탈함으로써, 좌우 합작을 통해 독립 국가를 건설하려던 구상은 멀어져 갔다. 그런 다음 얼마 안 있어 북쪽에 조선민주주의인민공화국이 수립되고 분단 상황으로 치닫게 되면서 인민이라는 말이 남쪽에서는 금기어가 되다시피 했다.

인민은 영어 'people'을 번역한 말이다. 그러므로 인민이라는 말 자체에는 이념의 색깔이 들어 있지 않다. 북한에서 인민이라는 말을 강조해서 쓰는 바람에 남한에서 인민이라는 말을 버리고 국민이라는 말을 쓰기 시작한 게 지금까지 이어지고 있다. 동무라는 좋은 말이 남한에서 사라진 것과 같은 이치다.

미국 링컨 대통령이 1863년에 게티즈버그에서 행한 유명한 연설 한 토막을 모르는 사람은 없을 터이다. 영어 원문은 'government of the people, by the people, for the people'이고, 이걸 우리말로 번역한 게 '국민의, 국민에 의한, 국민을 위한 정부'이다. 여기서 people을 국민으로 번역하는 게 맞느냐는 질문이 생긴다. 국민이라고 하면 국가에 속한 사람이라는 뜻이 된다. 국가와 사람people 중에 누가 먼저냐고 따질 때 어떤 대답을 해야 할까? 오랫동안 독재국가 시절을 거친 우리는 국가를 모든 것에 앞세우는 이념을 강요당해 온 게 사실이다. 그런 상황을 고려했을 때, 국민이라는 말은 사람을 국가에 종속된 존재로 보는 관점을 담고 있는 말이라는 해석이 가능하다. 김규항 씨가 국민이라는 말 대신 인민이라는 말을 고집하는 건 이런 맥락에 닿아 있다. 인민이라는 말이 지닌 가치중립성을 살리자는 건, 국가를 거부하자는 게 아니라 국가주의를 거부하자는 뜻으로 읽어야 한다.

김규항 씨에게 인민이라는 말은 자신의 세계관을 나타내는 어휘다. 자신의 생각에 맞추어 거기에 합당한 말을 선택해서 사용할 수 있는 권리를 스스로 획득하고 있음을 보여 주는 사례라고 하겠다.

철학자 김진석 씨는 『초월에서 포월로』라는 제목의 책을 내며 '포월'匍越이라는 개념어를 만들어 제시했다. 그는 초월이라는 개념이 현실을 도외시한 채 무작정 뛰어넘으려는 환상이라고 정리한다. 인간은 땅 위에서 살 수밖에 없는 존재인데 초월이라는 개념은 그런 현실을 인정하지 않으려는 잘못된 인식과 태도를 불러올 수 있다는 이야기다. 그래서 그가 대안으로 제시한 개념이 포월이다. 포월의 '포'匍는 '기다'라는 뜻을 가진 한자이다. 그러므로 포월은 '기어서 넘는다'는 뜻을 가진 말이 된다. 물론 국어사전에는 없는 말로, 김진석 씨가 창안한 개념어다. 현실을 초월하려 하지 말고 현실에 밀착해서 문제를 풀어 갈 때 "우리의 몸과 마음은 새로운 차원의 넓이와 깊이와 거리를 가진다"고 김진석 씨는 말한다.

김진석 씨는 '소외'疏外 대신 '소내'疏內라는 개념어를 만들기도 했다. 현대의 병리 현상인 소외 현상을 투정만 하지 말고 자기 안의 상처를 껴안고 가되 거기서 새로운 힘과 긍정성을 찾자는 의미로 만든 말이 '소내'다.

학자는 자신의 사상 체계를 설명하기 위해 새로운 개념어를 만들어 제시하곤 한다. 그렇게 만든 말은 학자 자신의 것이면서 다른 이의 호응을 얻게 되면 사회적인 언어가된다. 소내라는 말은 널리 쓰이지 않지만 포월이라는 말은학자나 평론가가 많이 끌어다 쓰는 편이다. 발터 베냐민의'아우라', 제러미 벤담의 '판옵티콘', 토머스 쿤의 '패러다임', 피에르 부르디외의 '문화 자본' 같은 말이 그렇게 해서 사회적 지위를 갖게 되었다.

이 밖에도 자신만의 어휘를 만들어 쓰는 예는 꽤 많다. 우리나라 백자白瓷 중에 달항아리라고 부르는 게 있다. 마치 눈처럼 흰 바탕색에 형태가 둥근 보름달을 닮았다 해서 그런 이름을 얻었다. 이 달항아리의 매력에 빠진 사람이 많다. 달항아리를 사랑한 어떤 이는 출판사를 차리면서'글항아리'라는 상호를 만들어 썼다. 글을 담은 항아리라니, 멋지지 않은가! 이렇게 해서 글항아리라는 말은 그 출판사 대표의 고유한 어휘가 되었다.

얼마 전, '언저리 문학상'이라는 게 있다는 사실을 알게됐다. 중앙대학교 문예창작과 동문들이 만든 상인데, 동문중에 널리 알려진 작가는 아니지만 꾸준히 창작 활동을 하는 이에게 주는 상이란다. 상장은 물론 상금도 있다고 하니 단순히 재미 삼아 주는 상만은 아닌 모양이다. '언저리

문학상'이라는 말을 동문 중에 누가 만들었는지 모르지만 참 잘 만든 상 이름이라는 생각이 든다. 언저리는 중심이 아닌 둘레나 가장자리를 뜻하는 말이다. 창작 활동을 하면서 베스트셀러를 내거나 유명 작가가 되려는 욕망을 품는 게 꼭 나쁜 건 아니지만, 그런 것과 상관없이 묵묵히 자기 길을 가는 창작자도 얼마든지 있다. 그런 이에게 격려를 보내는 일이야말로 아름다운 일 아닌가. 이럴 때 언저리라는 말은 중심에 진입하지 못하고 바깥으로 밀려났다는 식의 자조와 비하의 뜻을 넘어선다. 어휘를 늘린다는 건 꼭 새로운 말을 만들어 내거나 잘 쓰지 않는 말을 찾아야 하는 게 아니라 이미 있었던 말에 새로운 옷을 입혀 주는 일도 포함한다.

새로운 말 만들기의 어려움

몇 년 전에 우연히 jtbc 방송을 보게 됐는데, '다름다운 세상'이라는 특이한 제목의 캠페인을 하고 있었다. 순간적으로 '아름다운'으로 읽었는데, 자세히 보니 '다름다운'이었다. 달라서 더 아름다운 세상을 만들어 가자는 뜻으로 지은 말이란다. 지구상에 똑같은 사람은 없는 법이고, 따라서 획일성 대신 다양성을 인정하고 추구하는 게 아름다운 세상을 만드는 길임은 분명한 사실이다. 그동안 우리나라 사람들이 다양성보다는 획일성에 갇혀 살았던 측면이 크기에 그런 캠페인도 나왔을 터이다.

영화를 보러 롯데시네마에 갔다가 화장실을 찾는데, 도통 화장실 표시가 된 곳이 눈에 띄지 않아 애를 먹은 적이 있다. 한참 만에 찾긴 했는데, 화장실 대신 '아름자리'라는 이름이 붙어 있었다. 화장실에 흔히 붙어 있곤 하던 "아름다운 사람은 머문 자리도 아름답습니다"라는 표어에서 따온 모양이다. 진작 '아름자리'라고 쓴 팻말을 보기는 했으나 그곳이 화장실이라고는 전혀 생각하지 못하고 엉뚱한 곳을 헤맨 터라 기분이 썩 좋지는 않았다.

나는 화장실을 이르는 말로 옛사람이 쓰던 '뒷간'이라는 말에 마음이 간다. 간혹 '뒷간'이라고 써 붙인 곳을 발견하면 나도 모르게 정겨운 마음이 든다. 근심을 푸는 곳이라는 뜻으로 절간에서 부르는 '해우소'解憂所라는 말도 참 잘 만들었다고 생각한다. 이미 화장실을 뜻하는 말이 여럿 있는데, 굳이 생소한 말을 만들어 낼 필요가 있나 싶다. 있는 말 중에서 좋은 걸 골라서 쓰는 것도 나쁘지 않은 일이다.

있던 말이 없어지기도 하고 새로운 말이 생겨나기도 한다. 하지만 새로운 말이 널리 통용되려면, 사용자 간에 거부감이 없어야 하며 무엇보다 귀에 잘 들어오고 인식하기 편해야 한다. 그런 면에서 '아름자리'라는 말은 어감이 예쁠지는 몰라도 화장실을 대체하는 말로 널리 쓰이기는 쉽지 않을 듯하다. '다름다운'과 '아름자리'라는 말은 참신한 발상을 높이 살 수는 있어도 언중言衆 사이에서 보편성을 획득하기는 어려운 말이다. 기발한 착상 하나로 세상이 쉽게 바뀌지는 않는 법이다.

국립국어원에서 외래어나 일본식 한자어를 쉬운 말로 고친다며 순화어를 만들어서 발표하곤 한다. 그중에는 썩 잘 만들어서 널리 쓰이는 경우도 있으나 너무 생뚱맞아서 외면당하는 말도 많다. 퀵서비스를 늘찬배달로, 스마트폰을 똑똑전화로, 돈가스를 돼지고기 너비 튀김으로 바꾸어 부르자는 제안은 사람들의 웃음거리가 되기도 했다. 이렇듯 새로운 말을 만든다는 건 쉬운 일이 아니다.

반면 잘 만든 말이다 싶은데 엉뚱하게 시비가 붙은 일도 있다. '먹거리'라는 말을 몇몇 사람이 만들어서 쓰기 시작했을 때 이오덕 선생을 비롯한 여러 우리말 연구자가 그런 말은 우리말 조어법에 맞지 않는다며 쓰지 말아야 한다고 했다. 동사의 어간 다음에 '거리'가 붙는 말은 없으며, '볼거리', '땔거리', '입을거리'처럼 앞말을 관형어로 만든 다음에 '거리'를 붙여야 한다는 게 이유였다. '먹거리'는 틀린 말이고 '먹을거리'로 해야 우리 말법에 맞는다고 하는 견해에도 일부 수긍할 만한 점이 있다. 하지만 논란 끝에 지금은 '먹거리'와 '먹을거리' 둘 다 표준어로 국어사전에 올라 있다.

말을 만들 때 일정한 규칙이 작용하는 건 사실이지만, 그런 규칙이 완벽하게 작용하는 건 아니다. 어떤 경우든 예외는 따르기 마련이라는 건 언어 규칙에도 해당한다. 동사의 어간 뒤에 다른 말을 붙일 수 없다는 점이 확고부동한 원칙이라면 '늦추위'나 '덮밥' 같은 말은 어떻게 설명해야 하는 걸까? '섞어찌개'라는 말도 그렇다. 보통의 조어법에 따르자면 '섞은 찌개'나 '섞음 찌개'라고 만들어 써야 할 것 같은데, 그런 말 대신 섞어찌개라는 말이 자연스럽게 쓰이고 있다.

언어 유통의 결정은 정해진 규칙이 아니라 실제 언어를 사용하는 언중의 수용 여부에 달려 있다. 역 근처나 공원 같은 곳에 모여 살며 사람들이 주는 과자나 받아먹고 사는 도시 비둘기가 있다. 비만에 걸려 제대로 날지도 못하는 이 비둘기 떼에게 '닭둘기'라는 이름을 붙여 줄 경우, 그런 말은 성립할 수 없다고 말할 수 있겠는가? 닭둘기를 통용시키느냐 마느냐를 결정하는 주체는 국어학자나 국어사전 편찬자가 아니라 언중이다.

뜻을 담아 만들어 낸다고 해서 모두 말이 되지 않고, 때로는 혐오 표현으로 이루어진 말도 있다. 된장녀나 맘충, 기레기 같은 말이 그렇다. 이런 말은 걸러 내는 게 맞다. 그런데도 이런 말이 유통되는 이유는 그런 말이 생겨나게 된 일정한 사회 현상이 있기 때문이다. 가능하면 좋은 말을 만들어서 퍼뜨리는 게 우선이나, 말의 수준이 사회의 수준을 보여 준다고 할 때 제대로 된 사회를 만드는 일이 먼저라는 결론에 도달하게 된다.

9
{ 문학 작품으로 어휘 공부하기 }

홍명희의 대하소설 『임꺽정』을 일러 흔히 우리말의 보고라고 한다. 특히 양반의 언어가 아닌 백성의 입말로 조선시대 민중의 생활상과 풍습, 언어생활을 생생하게 그려내고 있어 더욱 가치가 크다. 그래서 우리말을 공부하려면 『임꺽정』부터 읽으라는 말을 한다. 밥이 하늘이라는 말이 있듯이 사람이 생존하는 데 먹는 일만큼 중요한 건 없다. 그런 까닭에 우리말에는 밥과 관련해 만든 말이 참 많다. 『임꺽정』에서 밥을 나타내는 말로 쓰인 것 몇 개만 소개한다.

기승밥 모를 내거나 김을 맬 때 논둑에서 먹는 밥.

입쌀밥 입쌀, 즉 멥쌀로 지은 밥.

사잇밥 농사꾼이나 일꾼들이 끼니 외에 참참이 먹는 밥.

첫국밥 아이를 낳은 뒤에 산모가 처음으로 먹는 국과 밥.

턱찌끼 먹고 남은 밥.

중둥밥 팥을 달인 물에 흰쌀을 안쳐 지은 밥 혹은 찬밥에 물을 조금 치고 다시 무르게 끓인 밥.

대궁 먹다가 그릇에 남긴 밥. 대궁밥이라고도 한다.

숫밥 손대지 않은 깨끗한 밥 혹은 솥에서 처음으로 푼 밥.

이 밖에도 첫닭이 울 무렵을 뜻하는 '첫닭울이', 미운 사람이 고소한 일을 당했을 때 내는 소리를 뜻하는 '잘코사니', 자질구레한 것을 뜻하는 '옴니암니', 님이 알아듣지 못할 말로 요란스럽게 지껄이는 모양을 뜻하는 '맹꽁징꽁' 등 책장을 넘길 때마다 이런 말도 있었나 싶은 어휘를 수시로 만날 수 있다. 그중 재미있는 낱말 하나를 더 소개한다.

꺽정이가 그 사람의 손을 쥐고 돌아서서 한 번 떠다밀었더니 그 사람은 고사하고 그 사람 뒤에 겹겹이 섰던 구경꾼이 장기튀김으로 자빠졌다.

『임꺽정』 2권 「피장편」에 나오는 문장인데, '장기튀김'이라는 말이 눈에 띈다. 이 말을 『표준국어대사전』에서 찾으면 다음과 같은 풀이가 나온다.

장기튀김(將棋--) 장기짝을 한 줄로 늘어놓고, 그 한쪽 끝을 밀면 차차 밀리어 다 쓰러지게 된다는 뜻으로, 한 군데에서 생긴 일이 차차 다른 데로 옮겨 미침을 이르는 말.

우리가 아는 외래어 '도미노'와 같은 뜻으로 쓰는 말임을 알 수 있다. 하지만 요즘 사람은 도미노는 알아도 '장기튀김'은 그런 말이 있었는지조차 모른다. 그렇기 때문에 『임꺽정』을 읽다 보면 우리 조상이 이렇게 풍부한 말을 사용했나 싶어 놀라고, 그런 말을 모두 버리고 살았다는 부끄러움을 느끼기도 한다. 이후에 나온 김주영의 『객주』, 송기숙의 『녹두장군』 등의 역사소설에도 우리말 어휘가 많이 나오는데. 상당 부분 홍명희가『임꺽정』에서 살려 놓은 말에 빚지고 있다고 할 수 있다.

개풍 출신인 박완서의 소설을 통해 시냇물을 '나깟줄'이라 하고, 곶감에 난 흰 분을 강조해서 이르는 '옥시설'이라고 하는 개성 지방의 말을 접할 수 있다. 채만식을 통해서는 전북 지방 말을, 이문구를 통해서는 충청 지방 말을, 박경리를 통해서는 경남 지방 말을 배울 수 있다. 염상섭이나 박태원을 통해서는 서울말을 배울 수 있는데, 특이하게도 많은 사람이 서울 사투리도 있다는 점을 모른다. 지금은 표준어에 밀려 흔적을 찾기가 쉽지 않지만 서울 사람만 쓰던 어휘와 특이한 억양이 있었다. 별안간을 '벨안간'으로 소리 낸다든지, '바느질 하랴'를 '바느질 허랴'라고 하는 것들이 서울식 말투였다고 한다.

　서울 사람이 쓰던 말을 '경아리말', 그런 말투를 '경아리말씨'라고 한다. '경아리'는 국어사전에 "예전에, 서울 사람을 약고 간사하다고 하여 비속하게 이르던 말"이라고 나온다. 소설가 박종화는 염상섭에 관해 "상섭은 순 서울 태생이다. 그의 작품에 나타나는 말은 서울말 중에서도 순 경아리 중류 계급의 말이 풍성하게 나타난다"라고 했다. 곽원석 씨가 펴낸 『염상섭 소설어 사전』에서 경아리말에 해당하는 어휘를 찾아볼 수 있다.

　생패매기 어떤 일에 대하여 전혀 모르는 사람을 낮잡아 이르는 말. =생판내기.
　웃맥이 윗도리에 걸치는 옷. 저고리나 적삼 따위를 말한다. =윗마기.
　널지, 널치 굶거나 피곤하여 몹시 지친 상태.
　살살꾸러기 간사스럽게 알랑거리는 사람. =살살이.

　이런 낱말은 국어사전에도 나오지 않는다. 다만 염상섭뿐 아니라 소설가가 작품에서 사용한 어휘만 모아서 풀이해 놓은 어휘사전이나 소설어 사전이 여럿 나와 있는데 그런 책을 보면 요즘 우리가 사용하지 않는 어휘가 수두룩하다. 대하소설 『혼불』의 작가 최명희도 마찬가지다. '혼불'이라는 낱말 자체가 사람이 죽기 얼마 전에 몸에서 빠져나

가는 맑고 푸르스름한 빛을 가리키는 전라도 방언이다. 최명희는 1998년 8회 호암상 수상 소감에서 다음과 같은 말을 했다.

언어는 정신의 지문이고 모국어는 모국의 혼이기 때문에 저는 제가 오랜 세월 써 오고 있는 소설 『혼불』에다가 시대의 물살에 떠내려가는 쭉정이가 아니라 진정한 불빛 같은 알맹이를 담고 있는 말의 씨를 심고 싶었습니다.

언어에는 민족의 정신과 혼이 담겨 있으며, 그런 말을 살려 쓰기 위해 노력했다는 작가의 말이 인상 깊다. 이런 작가들이 있어 모국어가 여전히 생명력을 지니고 살아남을 수 있었다고 하겠다.

소설뿐 아니라 시를 통해서도 우리말을 익힐 수 있다. 백석의 시 중에 가장 널리 애송되는 「나와 나타샤와 흰 당나귀」의 한 구절을 보자.

나타샤와 나는
눈이 푹푹 쌓이는 밤 흰 당나귀 타고
산골로 가자 출출이 우는 깊은 산골로 가 마가리에 살자

시에 나오는 '출출이'는 뱁새를 말하고 '마가리'는 오두막을 말한다. 뱁새와 오두막 대신 출출이와 마가리라는 낯

선 어휘를 사용함으로써 독특한 시의 분위기를 살리고 있다. 백석은 평안북도 정주 출신으로 평안도 지방의 말을 자신의 시에 많이 끌어들였다. 그래서 백석의 시를 읽고 있으면 그 옛날 평안도 산골 마을 어딘가에 들어가 있는 듯한 기분을 느낄 때가 많다.

김소월의 대표작 「진달래꽃」에 '즈려밟고'라는 표현이 나오는데, '즈려'나 '즈려밟다'는 국어사전에 없는 말이다. 이 '즈려'를 '지레'로 해석하는 연구자가 많은데, 문맥에 비추어 딱 들어맞는다고 하기는 어렵다. 그래서 나는 이 말이 김소월이 만들어 낸 어휘일 수도 있다고 생각한다. 김소월 시 안에는 시인이 스스로 만들어 쓴 것으로 보이는 낱말이 여럿 보인다. 가령 '포근히'라는 말 대신 한 글자를 보태 '포스근히'라는 말을 만들어서 사용한 시가 있다. '포근하다'도 아름다운 말이지만 '포스근하다'도 어감이 참 부드러운 말이다. 인터넷 검색을 해 보면 '즈려밟고'를 상호로 쓰는 가게가 많다. '포스근히'라는 말도 다른 사람의 수필에 자주 등장한다.

김소월은 '재빨리' 대신 '잽시빨리'를, '쏟아져' 대신 '쏟아쳐'를 만들어 쓰기도 했다. 같은 뜻이라도 어감이 사뭇 다르다. 이런 예는 다른 시인에게서도 얼마든지 찾을 수 있다. 황동규 시인은 '홀로움'이나 '맨가을'이라는 말을 만들어 냈고, 최두석 시인은 겨울 새벽에 시내버스를 타고 가다 마주친 차창의 성에를 '성에꽃'이라고 불러 주었다.

10
{ 지역 말에 담긴 정서 이해하기 }

　김동인의 단편소설 「감자」는 워낙 유명한 작품이다. 하지만 제목에 쓰인 감자가 실은 고구마를 뜻한다는 사실을 아는 사람은 얼마나 될까? 김동인은 대대로 평양에 터 잡고 살던 집안에서 태어났고, 평양을 배경으로 한 작품을 많이 썼다. 1925년에 발표한 「감자」 역시 평양의 빈민촌을 배경으로 한다. 감자와 고구마의 생김새가 비슷해서 1920년대 북쪽 지방에서는 이 단어 둘을 섞어 썼으며, 고구마를 감자라고 부르는 사람도 많았다. 그렇게 된 데는 '감저'甘藷라는 말이 지방에 따라 감자나 고구마를 뜻했기 때문이기도 하다.

　비슷한 예로 김유정의 「동백꽃」을 들 수 있다. 동백꽃의 마지막 부분은 다음과 같다.

그리고 뭣에 떠다밀렸는지 나의 어깨를 짚은 채 그대로 퍽 쓰러진다. 그 바람에 나의 몸뚱이도 겹쳐서 쓰러지며 한창 피어 퍼드러진 노란 동백꽃 속으로 폭 파묻혀 버렸다. 알싸한 그리고 향긋한 그 냄새에 나는 땅이 꺼지는 듯이 온 정신이 고만 아찔하였다.

우리가 알고 있는 동백꽃 중에 노란 동백꽃이 있을까? 김유정 작품에 나오는 동백꽃은 모가지째 툭 떨어지는 남쪽 지방의 붉은 동백꽃과 다른 종류임이 분명하다. 그렇다면 김유정 작품에 나오는 동백꽃은 무얼까? 김유정이 강원도 출신이라는 데 답이 있다. 강원도에서는 생강나무를 동백이라고 부른다. 생강나무는 산수유와 생김새가 구분하기 힘들 정도로 비슷하며, 봄에 노란 꽃을 피운다. 「정선아리랑」 가사에 "아우라지 뱃사공아 배 좀 건너 주게. 싸리골 올 동백이 다 떨어진다"라는 구절이 있는데, 여기 나오는 동백이 바로 생강나무다.

만일 김동인의 작품 제목이 「고구마」이고, 김유정의 작품 제목이 「생강나무 꽃」이었다면 어땠을까? 아무래도 감흥이 훨씬 줄었을 게다. 이렇듯 어휘 하나가 주는 힘은 단순히 사물을 지칭하는 기능에 머물지 않는다. 거기에는 말을 만들어 쓰는 사람과 말을 듣는 사람 사이에서 오랜 세월 동안 알게 모르게 다져진 정서의 끈이 연결되어 있다.

제주 해녀의 삶을 제대로 이해하려면 '숨비소리'라는 말을 알아야 한다. 숨비소리는 "잠수하던 해녀가 바다 위에 떠올라 참던 숨을 휘파람같이 내쉬는 소리"를 뜻하는 말이다. 깊은 바다 속에서 오랜 시간 동안 숨을 참는 건 보통 힘든 일이 아니다. 더구나 그냥 잠수만 하는 게 아니라 해산물을 채취하는 노동(이럴 때 '물질'이라는 말을 쓴다는 걸 알아 두면 좋겠다)을 해야 하니 육체의 고통이 더욱 클 수밖에 없다. 숨을 참을 수 있는 한계치에 다다랐을 때 해녀는 급히 물 밖으로 나온다. 그런 다음 참았던 숨을 한꺼번에 터뜨리는데, 그 소리가 마치 휘파람처럼 들린다. 듣는 이에 따라서는 낭만적인 소리일 수도 있겠으나 물질을 하는 해녀 입장에서는 생존을 위한, 노동의 힘겨움을 토해 내는 고통 어린 숨소리다. 그런 정황을 이해하면 숨비소리라는 말에 담긴 해녀의 고달픈 삶을 생생하게 눈앞에 그려 볼 수 있다.

강원도 사람은 '뼝대' 혹은 '뼝창'이라는 말을 쓴다. 표준어로 하면 절벽이나 벼랑에 해당하는 말인데, 뼝대와 절벽은 같은 말이긴 하지만 귀에 와 닿는 느낌이 다르다. 강원도가 산간 지역이라는 사실은 다들 알고 있어도, 머리로만 이해하는 것과 직접 가서 험한 산세를 눈으로 확인하는 것 사이에는 커다란 차이가 있다. 역시 강원도로군 하는 말이 절로 입에서 나오면서 왜 절벽이라는 말 대신 뼝대 혹은 뼝창이라는 말을 만들어서 쓰게 되었는지 단박에 이해할 수 있다. 강원도 출신의 권혁소 시인이 쓴 시 한 구절을 보자.

원앙은 쌍으로만 노닌다는데
한 마리 원앙만이 외로운 무자맥질을 치는 동강,
그 구멍 숭숭 뚫린 붉은 뼹대는
'10·25까지 피해대책 못 세우면 음독자살로 투쟁하자'고
찢어진 채 절규하고 있었다
　　―「동강, 가수리에는 가수 분교가 있다」

동강댐 건설로 몸살을 앓고 있을 무렵에 쓴 시로 보인다. '절규'라는 말이 '뼹대'라는 말과 어울리면서 절박함을 더욱 두드러지게 만들어 주는 효과를 낸다. 이렇듯 어휘 하나가 시적 효과를 끌어올리는 역할을 한다.

이번에는 흔히 북방의 정서를 잘 나타낸 시인으로 알려진 이용악 시인의 시에 나오는 구절이다.

삽살개 짖는 소리
눈포래에 얼어붙는 섣달그믐
밤이
얄궂은 손을 하도 곱게 흔들길래
술을 마시어 불타는 소원이 이 부두로 왔다
　　―「우라지오 가까운 항구에서」

눈보라 대신 쓴 '눈포래'라는 어휘가 눈에 들어온다. 거센 바람에 휘몰아치는 눈발을 뜻하는 말이 눈보라인데, 남쪽 지방의 눈보라와 북쪽 지방의 눈보라가 같을까? 겨울에 북쪽에서 불어오는 바람을 된바람이라고 하듯이 우선 바람의 세기부터 천양지차일 게다. 눈도 제대로 뜨지 못한 채 몰아쳐 오는 눈보라 속을 뚫고 가는 북방 지역 사람들을 떠올려 보자. 시 제목에 쓰인 우라지오는 블라디보스토크를 가리킨다. 함경도 너머에 있으면서 시베리아의 동쪽 출발점이 시작되는 곳이다. 그곳에 몰아치는 눈보라를 그냥 눈보라라는 말로만 표현하면 아무래도 제대로 된 느낌을 살리기 어렵다. 그래서 그쪽 사람들이 만들어 쓰던 말이 눈포래다. 눈보라와 눈포래 중 앞의 단어는 표준어, 뒤의 것은 방언으로 단순하게 이해하는 데 그쳐서는 안 된다. 눈포래가 아니면 도저히 표현할 길 없는 자연 현상이 있음을 우리는 그 지역만의 언어를 통해 새삼 깨닫게 된다.

이용악 시인과 같은 함경도 출신의 김규동 시인이 쓴 「비문」이라는 시의 앞부분에 '아심챤슷꾸마'라는 특이한 말이 나온다. '아심챤슷꾸마'는 고마움을 나타내는 함경도 지역의 존댓말이다. 우리에게는 마치 외래어처럼 들리는 말이지만 김규동 시인에게는 수십 년이 지나서도 귓전에 울리는 그리운 고향의 말이다.

김규동 시인은 평생을 북에 두고 온 고향과 어머니를 잊지 못했다. 언젠가는 다시 만날 날이 있으리라 기대하며 한 맺힌 그리움을 시로 쓰다 결국 남쪽 땅에서 쓸쓸하게 돌아가셨다. 그에게 함경도 말은 고향이자 어머니였을지도 모른다. 함경도 땅에서 살아 보지 못한 사람이 함경도 방언에 담긴 정서를 온전히 이해하기는 힘든 일이지만, 그런 말을 통해 그쪽 지역 사람의 숨결을 느껴 볼 수는 있을 게다. 만일 함경도 사람이나 남쪽 사람이나 쓰는 어휘가 똑같다고 할 때 우리는 무엇으로 그쪽 사람의 삶을 어루만질 수 있을 것인가.

언어를 단지 의사소통 수단으로만 여긴다면 모든 방언의 사용을 금지하고 표준어만 사용하도록 하면 된다. 하지만 천안 병천 순대의 맛이 따로 있고 함경도 아바이 순대의 맛이 따로 있듯, 말이란 것도 각 고장의 고유한 질감이 따로 있다는 사실을 상기할 필요가 있다.

김소월과 백석의 시를 통해 평안도 사람의 삶을 만나고, 김영랑의 시를 통해 전라도 사람의 정서를 이해하고, 박목월의 시를 통해 경상도 사람의 목소리를 듣는 기쁨을 포기할 것인가? 방언의 가치를 새삼 언급할 필요는 없겠으나, 교과서에 담긴 표준어만이 올바른 어휘의 기준이 될 수 없다는 점은 분명한 사실이다.

11
{ 말의 빛깔과 어휘 놀이 }

　김소연 시인이 쓴『마음사전』이라는 책이 있다. 마음의 무늬를 나타내는 말을 골라 자기 식으로 풀어서 새로운 의미의 옷을 입힌 책이다. 그중에 '무심함'이라는 낱말을 다룬 장이 있는데, '따뜻한 무심함', '호방한 무심함', '이기적 무심함', '유니크한 무심함', '작전상 무심함', '무심한 무심함', '무심하기엔 너무 쩨쩨한 당신'이라는 서로 다른 무심함 일곱 개를 펼쳐 놓았다. 낱말 하나도 쓰임에 따라 각기 다른 빛깔을 지닐 수 있음을 보여 주는 사례다.

　낱말의 뜻은 결코 하나로 고정되어 있지 않다. 쓰는 사람에 따라, 시간의 흐름에 따라 다른 뜻이 덧붙고 그러면서 어휘가 입고 있는 옷이 점점 두터워진다. 방금 쓴 '두텁다'라는 말은『표준국어대사전』과『고려대한국어대사전』의 풀이에 차이가 있다.

『표준국어대사전』의 풀이 1. 신의, 믿음, 관계, 인정 따위가 굳고 깊다. 2. (1) '두께가 보통의 정도보다 크다'의 북한어. (2) '어둠이나 안개, 그늘 따위가 짙다'의 북한어. (3) '넉넉하다'의 북한어.

『고려대한국어대사전』의 풀이 1. (기본의미) (정이나 사귐, 신뢰가) 굳고 깊다. 2. (사물이) 그 두께가 보거나 느끼기에 보통의 정도보다 크다. 3. (집단의 규모가) 미더울 만큼 탄탄하다.

『고려대한국어대사전』은 기본의미 외에 2번과 3번의 뜻을 추가해 놓았다. 반면 『표준국어대사전』은 기본 의미 외의 것을 북한어로 취급했다. '두텁다'라는 말의 실제 용법은 『고려대한국어대사전』의 풀이에 가깝다. '두텁다'와 '두껍다'가 혼용되어 쓰이고 있는 추세라는 이야기다. 하나의 뜻에서 다른 뜻이 갈라져 나오는 것은 어휘 발달 단계에서 자연스러운 일이다. 그래서 낱말 대부분은 여러 개의 뜻을 가지고 있다. '마음'이라는 말만 해도 『표준국어대사전』에 풀이 일곱 개를 달아 놓았다.

부대찌개에는 주재료인 햄과 소시지 외에 라면 사리가 꼭 들어간다. 사리는 "국수, 새끼, 실 따위를 동그랗게 포개어 감은 뭉치"를 뜻하는 고유어다. 그런데 이 사리라는 말을 요즘은 면 종류가 아닌 '떡 사리'나 '감자 사리'처럼 다른 추가 음식에도 적용해서 사용한다. 국어사전에 나온 풀이로는 설명이 안 되는 용법인데, 어휘가 진화하고 있다고 보아야 한다. '두텁다'라는 말에 시간이 지남에 따라 다른 뜻이 덧붙은 것과 같은 이치다. 그래서 어휘 공부는 사전식 풀이에만 매달릴 게 아니라 실제 언중이 사용하는 용법까지 익히는 게 필요하며, 나아가 자신이 새로운 뜻을 부여해서 사용하는 데까지 나아갈 수도 있다.

교사 시절 국어 수업 시간에 학생에게 '나만의 국어사전 만들기'를 시켜 본 적이 있다. 본 수업 전에 내가 낱말 하나를 제시하면 그 낱말을 자신이 생각하는 대로 정의를 해 보는 방식이다. 어휘에 관한 감각과 창의성을 키워 주고 싶어서 해 보았던 활동인데, 학생이 만든 것 몇 가지만 소개한다.

학교 지겹거나 졸리거나 딴짓이 하고 싶어지는 곳.

교실 들어오면 시간이 느려지는 곳.

교과서 제일 많이 본 책이지만 제일 기억하기 힘든 책.

거울 내 얼굴을 그대로 나타내 주어서 좌절감이 들게 만드는 것.

거짓말 눈덩이처럼 불어나는 말.

아침 몸과 마음이 따로 노는 시간.

청소년 번데기 시절을 잘 버티면 아름다운 나비가 되지만 노력하지 않으면 번데기 껍질 속에서 바깥세상을 보지 못하고 사라진다.

말은 생각의 폭을 넓혀 주는 도구로 작용하지만 그와 상관없이 재미있는 놀이 기능도 갖고 있다. 몇 년 전에 최승호 시인이 '말놀이 동시'라는 장르를 개척해서 여러 권의 동시집을 냈다. 의미보다는 말이 가진 소리와 거기서 파생되는 음률 등을 이용해 어린이가 말을 즐길 수 있도록 해 보자는 의도를 담았다. 생각보다 반응이 좋아서 무척 많이 팔렸다고 들었다. 말은 이렇듯 의미에만 매달리지 않아도 인간 생활을 다채롭게 해 주는 기능을 가지고 있다. 예전에 많이 하던 수수께끼 놀이와 요즘도 많이 하는 끝말잇기 놀이가 그런 말의 특성을 이용한 것이다. 수준을 높여서 우리말 퀴즈나 낱말 퍼즐을 풀며 즐기는 것도 말놀이의 재미를 느끼면서 어휘 공부까지 덤으로 할 수 있는 좋은 방법이 될 수 있다.

내 경험을 이야기하면, 국어사전을 찾다가 '곰투덜'이라는 낱말을 발견한 적이 있다. 참 재미있는 말이라는 생각에 이리저리 낱말을 굴리다 다음과 같은 내용의 동시 한 편을 썼다.

곰투덜

혼자서 투덜거리는 걸
곰투덜이라고 한대.

곰처럼 미련하게 투덜거린다고 그랬나?
곰도 혼자서 투덜거리길 좋아했나?

투덜이 곰도 있긴 있겠지.
곰이라고 투덜거릴 일이 없을까?

곰투덜거리고 있는
투덜이 곰을 만나면 물어봐야지.

  써 놓고 보니 이런 식으로 우리말의 특색을 살려 재미있게 동시를 쓰면 좋겠다는 생각이 들어서 이후에 같은 형식으로 동시 몇 편을 더 썼다. 말이 지닌 빛깔은 무척 다양하다. 그런 빛깔을 찾아내서 생활의 윤기로 삼을 수 있는 것도 언어가 우리에게 준 축복이다.

12
{ 외국어 배우기와 번역 }

　세계화 시대를 맞아 외국어의 중요성이 점점 커지고 있다. 외국어를 배워야 하는 이유로 의사소통을 위한 실용적인 측면을 먼저 들 수 있겠으나 그것 못지않게 중요한 게 있다. 나라마다 역사와 전통, 풍습, 자연 조건이 다른 만큼 사물을 인식하는 태도와 정서가 각 나라 사람마다 다르고, 그러한 태도와 정서가 그 나라의 언어에 스며들어 있다. 그러다 보니 같은 사물이나 현상을 두고도 표현하는 방법이 다르거나 아예 우리말로는 번역이 안 되는 말도 있다.

　눈이 안 오는 나라와 눈이 많이 오는 나라에서 눈을 표현하는 말이 서로 다르리라는 건 쉽게 짐작할 수 있다. 그래서 에스키모라 불리는 이누이트족은 눈에 관한 어휘가 풍부하게 발달되어 있다. 반면 비가 거의 안 오는 아프리카의 보츠와나에서는 돈의 액수를 나타내는 단위로 풀라와 테베라는 말을 쓴다. 풀라는 비, 테베는 빗방울을 뜻하는 말인데, 비가 얼마나 귀한 지역이면 그랬을까 싶다. 외국어를 배운다는 건 그런 차이와 특색을 알아 간다는 말과 통한다.

하나의 종류의 언어는 언어가 가진 특징에 따라서 현실을 늘 일정한 입장에서만 보게 해서 그것만으로는 불가피하게 일면성을 면하지 못한다. 우리는 그 넓은 일면성의 테두리 안에서 나서 그 속에서만 생활하면 그것이 일면적이라는 점을 깨닫지 못한다. 그러나 외국말의 습득을 통해서 그것을 깨달을 수 있으며 다른 또 하나의 관점을 배울 수 있게 된다. 이것이 문화 교류의 근본적인 토대이기도 하다.

—이규호, 『말의 힘』(제일출판사, 1968), 143쪽.

외국어 습득을 통해 인식의 폭을 확장시킬 수 있다는 것, 즉 '다른 또 하나의 관점'을 배울 수 있다는 점은 무척 중요한 지적이다. 가령 에티켓이라는 말을 생각해 보자. 에티켓이라는 외국말이 우리말의 예의나 예절이라는 말과 똑같을까? 서양 사람이 생각하는 에티켓과 우리나라 사람이 생각하는 예의는 포함하는 범주가 다르다. 식당에 갔을 때 남자가 여자의 의자를 앉기 좋게 빼 준다든지 하는 것은 우리나라 사람의 행동 양식에 없었다. 에티켓이라는 말과 함께 그런 행동도 들어온 셈이다.

중국 여행을 하다 보면 계단 같은 곳에 '소심지활'小心地滑이라고 써 붙인 걸 볼 수 있다. 바닥이 미끄러우니 조심하라는 말이다. 우리가 쓰는 조심操心 대신 중국 사람은 소심小心이라는 한자어를 쓴다. 같은 한자를 사용하는 문화권임에도 이렇게 쓰임새가 다르다. 일본에서 버스나 지하철을 탈 때 '足元にご注意ください'라고 써 붙인 문구를 만날 수 있다. 발밑을 조심하라는 뜻이다. '足元'을 우리 식 한자 용법으로 하면 '足下'●라고 쓸 것 같은데, 하下 대신 원元을 썼다. 아래쪽을 사물의 근본으로 본다는 인식이 반영된 말일 터이다.

　낯선 외국어를 만났을 때, 말이 주는 의미와 그런 표현을 만들어서 쓰는 사람의 생각과 태도를 곱씹게 된다. 그래서 언어에 특히 예민한 시인은 다음과 같은 시를 쓰기도 한다. 함순례 시인이 쓴 「소심」小心이라는 제목의 작품이다.

심천에서 小心을 만난다 지하철 난간이나 출입문 더듬거리는 곳마다 붉은 글씨가 마중한다 허둥거리는 한 발 안으로 들여 마음을 작디작게 하라는 당부라 생각하니 쩨쩨한 이 일컬어 소심하다 내뱉던 말, 난감해진다 소심 소심 여행하는 동안 일희일비로 끓어오르는 욕망의 뒤란이 말랑해진다 그것이 素心에 닿는 일이던가 생은 결을 만져 주는 일, 누군

가의 결을 쓸어 주는 건 뒤란 보이지 않는 주름에 소심하는
일이다 위태롭지 않다, 그 중심!

시인은 소심이라는 말을 통해 '끓어오르는 욕망'을 누르
는 자세를 익히고, 그런 마음의 결을 소심(素心, 본디 지니고
있는 마음)에 연결시켜 받아들이고 있다. 다른 나라 사람이
쓰는 낱말 하나가 시인의 마음을 흔들어 특별한 사유를 이
끌어 내고 있음을 보여 주는 사례다.

우리말 어휘를 가장 많이 알고 있는 직종에 속한 사람들
은 누굴까? 국어학자를 제외하면 번역자가 첫손에 꼽히지
않을까 싶다. 외국어를 잘한다고 해서 모두 번역을 잘하지
는 않는다. 번역자일수록 우리말에 능통해야 한다. 번역가
이면서 소설도 쓰는 안정효 씨는 번역을 하면서 우리말 감
각이 더 예리해졌다고 한다. 번역을 하는 사람은 그 나라
사람이 쓴 낱말과 표현에 가장 알맞고 자연스러운 우리말
이 무엇인지 끊임없이 찾아야 한다. 번역은 반역이라는 말
이 있다. 그만큼 외국말을 우리말로 완벽하게 옮기기가 어
렵다는 말이다. 그래도 최대한 원문의 뜻에 가깝도록 옮겨
야 하니 우리말 공부를 안 하려야 안 할 수가 없다.

번역서를 보다 보면 나도 모르는 우리말을 만날 때가 있
다. 우리말에 관한 책을 여러 권 썼고, 남보다는 그래도 우
리말을 많이 아는 편이라고 생각하는데도 그렇다. 하이타
니 겐지로의 소설『나는 선생님이 좋아요』를 읽다가 이런

구절을 발견했다.

가쓰이치의 아버지가 농담을 해서 다들 짜드라웃었다.

'짜드라웃다'는 "여럿이 한꺼번에 야단스럽게 웃다"라는 뜻을 지닌 말이다. 이 말을 아는 사람이 얼마나 될까? 그런 부담감 때문이었는지 개정판을 내면서 '짜드라웃었다'를 '한바탕 웃었다'로 고쳐 놓았다. 너무 낯선 말을 쓰는 것도 바람직하지는 않지만, '짜드라웃다'라는 말을 찾아낸 감각은 높이 살 만하다.

중국 작가 위화의 소설 『형제』에는 주인공인 이광두가 다음과 같은 말을 하는 장면이 나온다.

"내가 왜 공트림을 하느냐? 하루 내내 아무것도 못 먹었거든. 오늘 하루뿐만 아니라 지난 석 달 동안 한 끼도 배부르게 먹어 본 적이 없으니 석 달 동안 공트림만 해 댔다 이 말씀이야."

'공트림'은 국어사전에 나오지 않는 말이다. 번역자가 만든 말일 텐데, 헛트림과 거의 같은 의미를 지닌 것으로 보면 되겠다. 그런데 '헛트림'이라는 말이 많이 쓰이는데도 이 말 역시 국어사전에서는 찾을 수 없다. 같은 소설에 '여 뽑치'라는 인물이 나온다. 길거리에서 이를 뽑아 주는 여씨 성을 가진 사람인데, '뽑치'라는 말도 번역자가 만들었음이 틀림없다. 정식 치과의사가 아니라서 조금 낮추는 표현을 써야 하는데, 무슨 말로 칭호를 삼을까 무척 고심했을 게다. 그러다가 찾아낸 '뽑치'라는 말이 참 적절해 보인다. 이처럼 번역자는 잘 쓰지 않는 우리말을 찾아서 쓰기도 하고, 때로는 없는 말을 만들어 내고는 한다. 그만큼 번역자가 우리말을 풍부하게 하는 데 커다란 역할을 하고 있음을 알 수 있다.

13
{ 사회의 어휘 자산 늘리기 }

일본에서는 일찍이 난학蘭學이 발달했다. 난학은 17세기 초 도쿠가와 이에야스가 정권을 잡고 통치를 시작했던 에도시대에 네덜란드를 통해 들어온 서양의 학문, 기술, 문화를 통틀어서 이르는 말이다. 이후 메이지시대에 이르기까지 일본의 학자는 서양에서 발달한 철학, 과학, 예술 등 인간의 사고 활동 전반에 걸친 개념어를 자신들이 쓰던 한자로 번역해 냈다. 이 작업은 단순히 말을 번역하는 기술적 차원에 그친 것이 아니라, 서양이 이룩한 모든 정신적, 물질적인 업적을 가져와 일본의 것으로 삼는 일이었다. 일본이 아시아를 넘어 서양과 어깨를 견주는 강국으로 성장할 수 있었던 동력이 번역에 있었다고 하는 말은 과언이 아니다. 언어의 힘을 바로 이런 데서 찾을 수 있다. 우리는 일본인이 만들어 놓은 개념어를 뒤늦게 가져다 쓰기 바빴고, 그만큼 근대화를 향한 발걸음이 더뎠다.

에도시대의 모습을 다룬 신상목 씨의 책『학교에서 가르쳐 주지 않는 일본사』에는 일본 사람이 서양 서적을 번역하기 위해 고군분투한 이야기가 자세히 나온다. 당시에 네덜란드 의사가 가져온 해부학 서적을 본 여러 일본 의사는 인체 내부 구조를 정밀하게 묘사한 책에 충격을 받는다. 그래서 네덜란드어에 관한 기초 지식도 없는 상태에서 번역 작업에 매달리는데, 그 과정이 눈물겨울 정도다. 각고의 노력 끝에 해부학 책인『해체신서』解體新書를 출간할 수 있었고, 이 책이 서양 서적을 일본어로 옮긴 최초의 번역서가 되었다고 한다. 번역자는 이 책에 신경神經, 연골軟骨, 동맥動脈 등 기존에 없던 새로운 단어를 만들어서 등장시켰다. 이후 많은 난학자蘭學者는 번역의 중요성을 깨닫고 난일蘭日 사전 편찬에 매달린다. 사전 편찬 작업 역시 고난의 연속이었으나 서양의 근대 지식에 관한 열망이 그런 고난을 극복하도록 만들었다.

이런 과정을 통해 만들어진 번역어는 일본인의 세계관을 바꾸어 놓는 데 커다란 기여를 했다. 일본인이 몰랐던 세계를 상상하는 데 도움을 주었을 뿐 아니라 일본인의 어휘 자산도 풍부해졌다. 우리가 가져다 쓰고 있는 일본 번역어가 우리의 어휘 자산을 늘렸다는 점 또한 움직일 수 없는 사실이다. 정치, 경제, 문화를 아우르는 근대 개념어의 대부분을 이 번역어가 차지하고 있는 현실에서 그 말을 내칠 방법도 없을뿐더러, 설사 가능하더라도 그건 퇴행으로 가는 길이다.

근대 초기에 일본말의 영향을 주로 받았다면, 해방 이후에는 서양에서 건너온 외국말이 수입 언어의 주종을 이루었다. 이들 수입 언어를 우리말로 번역해서 사용하려는 노력을 얼마나 했을까? 일제 잔재를 청산한다는 차원에서 일본말 몰아내기 운동은 열심히 했지만 서양말을 우리말로 바꾸려는 노력은 그에 비해 한가한 편이었다. 서양 책의 번역 작업 역시 일본 사람이 번역해 놓은 것을 중역重譯하는 수준을 크게 벗어나지 못했다. 중역이 아닌 원전 번역이 주를 이루기 시작한 흐름은 그리 오래되지 않았다.

외국어의 수입 자체를 두려워하거나 경원시할 일은 아니다. 들여올 건 들여와야 한다. 다만 들여와서 얼마나 우리 것으로 만드느냐 하는 게 관건이 되어야 한다. 일본 사람이 만든 번역어를 우리말 자산으로 활용하듯, 서양 말도 가능하면 우리말로 대체하는 노력을 하되, 그게 힘들 경우 그대로 사용해도 큰 무리는 없다. 정치나 경제 관련 용어는 그나마 우리말로 옮기는 게 수월한 편이지만 철학이나 예술 용어는 번역을 했을 때 원어가 담고 있는 의미를 충분히 살리기 힘들 수 있다. 요즘 많이 쓰는 거버넌스governance는 협치協治로 바꾸어도 크게 무리가 없지만 아우라Aura를 후광 등으로 바꾸면 온전한 의미 전달에 실패하기 쉽다. 우리말만 고집하는 언어순혈주의는 오히려 사고의 확장을 막을 수도 있음을 유의해야 한다.

　이와 함께 콩글리시 문제를 따져 볼 필요가 있다. 콩글리시를 국어사전에서는 "한국식으로 잘못 발음하거나 비문법적으로 사용하는 영어를 속되게 이르는 말"이라고 풀어 놓았다. 다분히 부정적인 뉘앙스가 바탕에 깔려 있다. 그러다 보니 콩글리시를 엉터리 영어라며 문제 삼는 이들이 많은데, 거꾸로 콩글리시를 우리말로 적극 끌어안는 자세가 필요하다. '빵꾸'는 속된 말이고 '펑크'punk라고 해야 바르다고 하는 것은 영어 우월주의에서 비롯된 관념일 수도 있다. 우리가 잘 쓰고 있는 핸드폰hand phone을 이제 와서 영어식 표현인 셀폰cell phone으로 바꿔야 할까? 셀프 카메라를 줄여서 만든 '셀카'가 정식 영어가 아니라고 해서 버려야 할까? 다음 글은 옥스퍼드대학 한국학·언어학과 교수인 지은 케어 씨가 신문에 기고한 글의 일부다.

　　파이팅fighting은 콩글리시 단어의 대표적 사례다. 많은 사람들은 이 단어가 콩글리시라는 사실을 알면서도 일상생활에서 자연스럽게 이 단어를 쓴다. 특히 이 단어는 한류, 특히 한국 스포츠의 붐을 타고 세계인에게 소개가 되더니, 이제는 영어 매체에서 공공연히 우리가 사용하는 의미로 쓰고 있다. 때문에 틀린 단어라고 배운 이 단어 역시 옥스퍼드 사전에 기재될 확률이 높아졌다.
　　　　　　　　　　—『한국일보』(2017년 6월 23일 자)

콩글리시를 부끄러워할 게 아니라 오히려 우리말 어휘를 풍부하게 만들고 있다는 쪽으로 생각을 전환해야 한다. 콩글리시와 마찬가지로 많은 나라 사람이 영어를 자기네 어법에 맞게 조립해서 쓰고 있다. 콩글리시를 만든 사람의 창의성을 높이 사면서, 콩글리시를 통해 우리 사회의 어휘 자산을 늘릴 수 있다고 여기는 게 열린 태도일 수 있다.

물론 무분별한 영어 남용은 바람직하지 않다. 최대한 우리말로 바꾸어 쓸 수 있도록 언어학자를 비롯해서 관계자가 이 문제에 관심을 갖고 노력해야 한다. 우리나라 학자는 대체로 논문 쓰기에만 매달리고, 일반인을 대상으로 하는 대중적이고 실용적인 작업은 등한시하는 편이다. 연구 논문 한 편 쓰는 것과 외국어로 된 용어를 우리말로 바꾸는 작업에 경중을 두는 것은 전문가 중심주의에서 벗어나지 못한 탓이다. 학문의 대중화를 위해서도 우리말로 된 학문 용어를 만들어 내기 위한 노력이 절실하다. 외국어로 된 개념어를 우리말로 바꾸는 것도 필요하지만, 앞에서 예로 들었던 김진석 교수처럼 자기 용어를 만들어 내려는 시도도 소중하다. 우리말로 학문하기 혹은 우리말로 철학하기를 내세우는 소수의 학자가 있지만, 그런 풍토가 더욱 확산되어야 한다. 그랬을 때 학문의 발전과 함께 우리 사회의 어휘 자산이 늘어날 것이고, 나아가 사회 구성원의 인식 수준도 높아지리라 믿는다.

덧붙여 국어사전 편찬자의 분발이 요구된다. 지금 나와 있는 국어사전의 수준은 부끄럽다는 말이 과하지 않을 정도다. 한 나라의 국어사전이라면 우리가 사용하는 모든 어휘에 관한 정보를 충실히 담고 있어야 하는데, 우리 국어사전은 거기에 한참 못 미친다. 엄연히 유통되고 있는 말을 국어사전이 담아 내지 않는다면 제 거처를 찾지 못한 말은 어디에 몸을 뉘어야 하는가.

　껍데기를 까지 않은 각굴과 껍데기를 깐 알굴, 대게 사촌쯤 되는 속초의 명물 홍게, 커다란 미역을 뜻하는 대각(미역) 같은 말은 국어사전에서 찾을 수 없다. 폴라는 있으면서 왜 목티는 없고, 처녀티는 표제어로 올리면서 총각티는 왜 안 올렸을까? 어휘 누락은 국립국어원이 펴낸 『표준국어대사전』이 매우 심한 편인데, 전문가도 알기 힘들 것 같은 어려운 전문어는 시시콜콜 찾아 올린 반면 일상어나 생활어는 심하다 싶을 정도로 외면하고 있다. 국립국어원도 이런 문제의식을 느꼈는지 얼마 전부터 '함께 만들고 모두 누리는 우리말 사전'이라는 취지 아래 '우리말샘'이라는 인터넷 홈페이지(opendict.korean.go.kr)를 만들어, 일반인이 『표준국어대사전』에 없는 어휘를 올리면 심의위원이 검토해서 타당하다고 여기는 것을 싣고 있다. 꾸준히 벌이고 있는 외래어 순화 작업과 함께 그나마 노력하는 모습이지만 여전히 소극적인 자세에 머물러 있다는 비판을 받고 있다. 우리 사회의 어휘 자산을 늘리는 데 국립국어원 같은 기관이 좀 더 팔을 걷어붙일 수 있기를 바란다. 아울러 한글학회 같은 민간단체에 관한 지원도 강화해서 다양한 활동을 펼치도록 하는 일도 필요하다.

14
{ 개인의 어휘 자산 늘리기 }

어휘를 늘리기 위해 따로 어휘 공부를 해야 할까? 서점에 가면 어휘 공부를 할 수 있는 책이 많이 나와 있다. 고사성어 사전이나 시사용어 사전을 비롯해 전문 분야의 용어를 모아서 해설해 놓은 책도 있고, 순우리말만 따로 엮어서 소개하는 책도 있다. 그런 책을 보면서 어휘 공부를 하는 것도 나쁠 건 없고, 매우 적극적인 방법이기는 하다. 하지만 그런 방법은 시간이 많이 걸리는 데다, 말이 쓰이는 맥락에 대한 고려 없이 영어 단어 외우듯 해서는 오래 기억하기 힘들다.

후배 중에 소설을 쓰는 친구가 있는데, 습작 시절 국어사전에 있는 모든 낱말을 공책에 베껴 쓰며 공부를 했다고 한다. 어찌 보면 무모하고 무식한 방법일 수 있겠으나 절실하면 그런 수고를 마다하지 않기도 한다. 국어사전을 베끼는 사람은 드물어도 좋은 소설을 필사하며 문장 공부를 한다는 사람은 제법 있다. 유명 개그맨이 국어사전을 통째로 외웠다는 말을 들은 적도 있다. 그랬더니 말을 하는 데 자신감이 붙어서 어딜 가더라도 스스럼없이 떨지 않고 말을 할 수 있더란다. 보통 사람에게 권할 수 있는 방법은 아니나, 어떤 일이든지 힘들이지 않고 이룰 수 있는 것은 없다는 교훈으로는 삼을 만하다.

어휘를 익히는 가장 좋은 방법은, 너무 당연한 말일 수 있겠으나 독서를 많이 하는 것이다. 독서를 많이 한 사람과 대화를 나누어 보면 확실히 사용하는 말이 다르다는 사실을 알 수 있다. 책을 읽는 동안 자연스레 책 속에 있는 어휘의 개념이 머릿속에 쌓인다. 책에 나오는 말 중에 모르는 어휘가 있을 경우 굳이 사전을 찾아보지 않아도 앞뒤 맥락을 통해 저절로 뜻을 알게 되는 경우가 많다. 어린 아이가 말을 배울 때 국어사전을 가지고 공부하지 않아도 타인과의 대화 속에서 새로운 낱말을 익히게 되는 것과 같은 이치다. 그러므로 독서 행위는 자신에게 필요한 정보나 교양을 쌓는 일일 뿐 아니라 어휘를 늘리는 가장 확실하고 좋은 방법이다.

책을 읽는 동안 앞뒤 맥락을 살펴보아도 언뜻 감이 잡히지 않는 어휘가 나올 수 있다. 그럴 때는 국어사전의 힘을 빌릴 수밖에 없다. 문제는 국어사전을 휴대하고 다닐 수가 없다는 사실이다. 하지만 그런 걱정을 할 필요가 없으니,

요즘처럼 도구가 발달한 사회에서는 컴퓨터와 핸드폰이라는 물건이 대부분의 난제를 해결해 준다. 특히 대부분의 사람이 저마다 스마트폰을 가지고 다니는 시대가 되었으므로 그 자리에서 바로 스마트폰을 꺼내 검색을 하면 원하는 어휘에 관한 정보를 쉽게 얻을 수 있다. 네이버는 국립국어원이 만든 『표준국어대사전』의 어휘를, 다음은 『고려대한국어대사전』의 어휘를 제공받아 서비스하고 있어, 점점 종이 사전의 필요성이 줄어들고 있다. 국어사전에 나오지 않는 전문 용어나 신조어도 웬만하면 검색을 통해 뜻을 찾을 수 있으니 참 편리한 세상이 되었다.

다만 인터넷에 떠도는 정보 중에는 오류가 섞여 있으므로 조심해야 한다. 가령 감자탕이라는 말에 쓰인 '감자'가 돼지 등뼈를 가리키는 낱말이라고 설명한 글을 많이 볼 수 있다. 누가 먼저 퍼뜨렸는지는 모르겠으나 이는 명백히 잘못된 정보이며, 감자탕은 식용작물인 감자를 넣어서 감자탕이라고 부를 뿐이다. 감자탕이라는 음식이 처음 등장했을 때는 감자를 주된 재료로 삼았다. 그러다가 차츰 돼지 뼈를 넣기 시작하면서 지금과 같은 감자탕의 형태가 됐다는 게 정확한 사실이다. 한 가지 더 예를 들면 '어처구니'를 맷돌의 손잡이를 뜻하는 말로 알고 있는 사람이 많다. 『표준국어대사전』에는 어처구니를 "(주로 '없다'의 앞에 쓰여) 엄청나게 큰 사람이나 사물"이라고 풀이해 놓았다. 어처구니가 맷돌의 손잡이를 뜻하는 말이라면 어느 문헌에선가 그렇게 쓰인 용례가 있어야 하는데, 누구도 그런 자료를 제시하지 못하고 있다. 맷돌의 손잡이를 뜻하는 우리말은 '맷손'이다. 맷손을 어처구니로 바꾸어 놓은 현실 자체가 말 그대로 어처구니없는 일이다. 이러한 사실을 알아내는 것도 역시 어휘에 관한 정보를 많이 알고 있을 때 가능한 일이다.

독서 후에 독서록을 쓰는 습관을 들이면 더욱 바람직하다는 사실은 두말할 나위가 없다. 눈으로 읽고 그치는 것과 기억을 되살려 글로 정리해 두는 것 중에 어느 게 오래 기억에 남을지는 따로 설명할 필요도 없다. 하지만 독서록을 쓰는 일은 쉽지 않으며, 억지로 시켜서 되는 일도 아니다. 그래서 나 같은 경우는 책을 읽다 새롭게 알게 된 말이나 중요한 개념이라고 생각되는 것은 컴퓨터나 핸드폰의 메모장에 간단히 기록해 놓는다. 그렇게 해 놓으면 나중에 필요한 말을 찾아 쓰는 데 꽤 도움이 된다.

앞에서 어휘를 익히는 가장 좋은 방법은 독서를 많이 하는 거라고 했는데, 그렇다면 어떤 책을 읽어야 하느냐 하는 문제가 남는다. 여기서 중요한 것은 어휘 익히기가 말 그대로 어휘 익히기로만 끝나서는 안 된다는 점이다. 어휘만 익히려면 어휘 책을 보면서 달달 외우면 된다. 어휘의 양을 늘린다는 것은 자기 삶의 폭을 넓힌다는 일이고, 이는 편식하지 않는 독서에 의해 가능해진다. 너무나 당연한 말이지만 실제로는 그렇게 하기 쉽지 않다. 대부분 자기 전공 분야나 관심 있는 쪽의 책만 보는 경향이 있기에 그렇다. 그런 약점을 보완하려면 시사 잡지 한두 권 정도는 정기 구독을 하는 게 좋다. 시사 잡지는 여러 분야의 기사를 싣기 마련이고, 시간 날 때 틈틈이 읽어도 되는 만큼 어렵지 않게 세상의 다양한 흐름을 따라갈 수 있다.

조금 더 의식적으로 어휘를 익히고 싶다면, 뜻을 모르는 궁금한 어휘가 있을 때 그와 관련된 어휘를 연쇄적으로 찾아가며 공부하기를 권한다. 예를 들어 책을 읽다 '감노랗다'라는 말을 발견했다고 하자. 감처럼 노란 빛깔을 뜻하는 말인가 하면서 고개를 갸웃거릴 사람이 많을 듯하다. 이 말을 국어사전에서 찾으면 다음과 같이 나온다.

감노랗다 감은빛을 약간 띠면서 노랗다.

뜻풀이에 나오는 '감은빛'이 무슨 뜻을 지닌 말인지 아는 사람이 얼마나 될까? 일상생활에서 자주 접하는 말이 아니다 보니 이런 말도 있었구나 싶을 게다. 그렇다면 이제 '감은빛'을 찾아볼 차례다.

감은빛 석탄의 빛깔과 같이 다소 밝고 짙은 빛.

'감은빛'이 있고 '감노랗다'가 있으면 혹시 '감파랗다'는 없을까? 찾아보니 다음과 같은 말이 나온다.

감파랗다 감은빛을 띠면서 파랗다.

감파르다 감은빛을 띠면서 푸르다.

감푸르다 감은빛을 약간 띠면서 푸르다.

감푸르잡잡하다 감은빛을 약간 띠면서 푸르스름하다.

감파르잡잡하다 감은빛을 띠면서 약간 짙게 파르스름하다.

감파르족족하다 감은빛을 띠면서 칙칙하고 고르지 않게 파르스름하다.

감노르다 감은빛을 띠면서 노르다.

감자주색(-紫朱色) 감은빛을 띤 자주색.

감자줏빛(-紫朱-) 감은빛을 띤 자줏빛.

색채를 나타내는 우리말이 참 다양하다는 사실을 알 수 있다. 이렇게 하나의 낱말로 시작해서, 거기 딸린 곁줄기를 훑어 가는 사이에 저절로 어휘 공부가 이루어진다. 귀찮아하지 않고 조금만 시간을 내면 어렵지 않게 어휘를 익힐 수 있는 방법이다.

하나만 더 예를 들어 보자. 예전에 『덕혜옹주』라는 영화가 인기를 끈 적이 있다. 왜 공주가 아니라 옹주라고 부를까에 관해 생각해 본 사람이 있을 게다. 국어사전에서 '옹주'를 찾으면 다음과 같이 자세한 풀이가 나온다.

옹주(翁主) 1. 고려 시대에, 내명부나 외명부에게 내리던 봉

작. 충선왕 때 궁주宮主를 고친 것이다. 2. 조선 시대에, 후궁
에게서 난 딸을 이르던 말. 3. 조선 중기 이전에, 세자빈이
아닌 임금의 며느리를 이르던 말.

덕혜옹주라고 할 때 옹주는 이 풀이 중 두 번째에 해당
한다. 그러니까 정식 왕비에게서 난 딸은 공주, 후궁에게
서 난 딸은 옹주라고 불렀음을 알 수 있다. 여기서 한 발
더 나아가 옹주와 관련된 말을 찾아보니 다음과 같은 말이
나온다.

덩 공주나 옹주가 타던 가마.
상하다(尙--) 공주나 옹주를 결혼시키다.
자게 궁중에서, 출가한 공주나 옹주를 높여 이르던 말.

이런 말이 요즘 생활에 꼭 필요하지는 않다. 하지만 일
상어와 다르게 쓰던 궁중 언어를 알아 가는 기쁨을 누릴
수도 있다. 지식이 꼭 실생활에 필요한 것만 취하는 건 아
니라는 점을 생각할 때 세상에 쓸모없는 지식이란 없는 법
이다.

15
{ **정확한 어휘 사용하기** }

한글맞춤법이 참 어렵다고들 한다. 그래서 틀리기 쉬운 말과 올바른 맞춤법을 가르쳐 주는 책도 여러 권 나와 있다. 국어 교사 중에도 한글맞춤법에 따라 모든 어휘를 정확하게 표기할 줄 아는 사람이 거의 없는 상황에서 맞춤법 몇 개 틀리게 쓴다고 해서 부끄러워할 일은 아니다. 물론 지나치게 많이 틀리면 그 사람의 지식수준을 의심하게 되고, 연인 관계에 있다 상대방의 맞춤법 상태에 실망해서 이별을 선언하는 경우도 간혹 보았다.

어휘를 많이 아는 건 중요하다. 그보다 못지않게 중요한 건 어휘의 뜻과 표기를 정확히 알고 사용하는 일이다. 이는 단순히 맞춤법 오류에 해당하는 정도를 넘어선다. 즉 '-로서'와 '-로써'를 헷갈리는 차원과는 다르다는 이야기다.

얼마 전에 선배 조성순 시인이 시집을 냈다며 한 권을 보내 주었다. 시집 제목은 『가자미식해를 기다리는 동안』이었다. 선배와 내가 함께 속한 문인 단체 '카톡 방'이 있는데, 거기에 여러 회원이 시집을 잘 받았다며 고마움과 축하를 전하는 글을 남겼다. 그런데 상당수가 '가자미식해'가 아닌 '가자미식혜'라고 썼다. 시집을 받아서 제목을 보았는데도 그런 실수를 하게 된 것은 평소 식해와 식혜를 구분하지 못해서 생긴 일이다. 식해라는 이름이 붙은 음식을 접해 본 사람과 그렇지 못한 사람의 차이일 수도 있겠다. 둘은 엄연히 다른 음식이다. 다만 식해가 식혜만큼 대중화된 음식이 아니다 보니 종종 착오를 일으킨다.

식혜(食醯) 1. 우리나라 전통 음료의 하나. 엿기름을 우린 웃물에 쌀밥을 말아 독에 넣어 더운 방에 삭히면 밥알이 뜨는데, 거기에 설탕을 넣고 끓여 차게 식혀 먹는다. 2. '식해(생선에 약간의 소금과 밥을 섞어 숙성시킨 식품)'(食醢)의 북한어.
식해(食醢) 생선에 약간의 소금과 밥을 섞어 숙성시킨 식품. [비슷한 말] 생선젓.

이 풀이를 보면 북한에서는 식해를 식혜라고 쓴다는 사실을 알 수 있지만, 남한에서는 둘을 명백하게 구분하고 있으며 한자도 다르게 쓴다. 『표준국어대사전』에 식해를 이르는 말로 '명태식해'와 '가자미식해'가 표제어로 올라 있으며, 가자미식해는 함경도 지방 음식이다.『표준국어대사전』에는 없지만『고려대한국어대사전』에는 '안동식혜'라는 말이 다음과 같이 올라 있다.

안동식혜(安東食醯) 밥을 각종 양념에 버무린 후 엿기름에 넣고 삭힌 안동 지역의 전통 음식.

풀이가 그리 친절하지는 않다. 조금 더 자세히 설명하면 안동식혜는 무와 생강즙, 고춧가루를 넣어 맵고 칼칼한 맛을 주는 음료다. 조리법과 맛이 독특하기는 하지만 식혜의 한 종류임은 분명한데, 이 말을 또 '안동식해'라고 잘못 표기하는 사람이 꽤 있다. 이러한 오류는 사물의 실체를 정확히 인식하지 못하는 데서 발생한다. 그러므로 식해와 식혜를 구분하지 못하는 것은 맞춤법의 문제가 아니라 사물에 관한 지식의 유무에서 비롯되었다고 보아야 한다.

잘못 사용하는 어휘 몇 개를 예로 들어 보자. 바람이 불고 우박이 흩어지는 현상에 빗대어 사방으로 날아 흩어진다는 뜻으로 쓰는 '풍비박산'風飛雹散이라는 말을 '풍지박산'이라고 표기하는 사람을 많이 보았다. 심지어 '풍지박살'이라고 쓰는 사람도 보았다. 박살을 낸다고 하는 말에 끌려 그렇게 됐을 터이다. 한자에 관한 이해가 부족하다 보면 이렇게 엉뚱한 말을 쓰면서도 그게 잘못된 줄을 모르는 수가 있다. '단말마'斷末魔라는 말도 그렇다. 단말마는 본래 불교에서 온 말로, "숨이 끊어질 때의 모진 고통"을 뜻한다. 보통 '단말마의 비명을 지르다'와 같은 형태로 많이 쓴다. 그런데 이 말을 '단발마'라고 하는 이들이 있다. 신문 기자가 그렇게 쓰는 것을 본 적도 있다. 머리카락을 자르는 단발斷髮이라는 말의 영향을 받아서 그리되었음이 분명한데, 정확한 어원을 알면 한자의 뜻과는 관련이 없는 낱말임을 알 수 있다. 단말마의 '말마'는 산스크리트어 '마르만'marman의 발음을 한자로 옮긴 것으로, 관절이나 육체의 급소를 뜻한다. 이 말마에 커다란 충격을 가하거나 잘라 내면 죽음에 이른다고 하여 생긴 말이 '단말마'다.

2011년에 국립국어원에서 '개발새발'을 새로운 표준어로 인정한다고 발표했다. 본래의 어원대로 하면 '괴발개발'이라고 써야 맞다. '괴'는 고양이를 줄여서 부르던 말로, 고양이 발과 개 발로 그린 것처럼 글씨가 엉망이라는 뜻으로 만든 말이다. 시간이 흐르는 동안 '괴'라는 말이 고양이를 뜻한다는 사실을 아는 사람이 드물어지면서 괴발을 개발로 소리 내고, 개발이 앞에 놓이다 보니 운을 맞추기 위해 새발을 끌어와 '개발새발'로 부르기 시작했다. 워낙 많은 사람이 개발새발을 쓰고 원형인 괴발개발이 잊히면서 국립국어원에서 아예 개발새발을 표준어로 인정하는 상황까지 오게 되었다. 그래서 지금은 '괴발개발'과 '개발새발'이 함께 국어사전에 표제어로 올라 있다.

‘풍지박산’과 ‘단발마’도 나중에는 표준어로 인정될 날이 올지 모르겠다. 하지만 엄연히 한자음이 있는데 그걸 바꾸어서 인정하기는 힘들 것으로 보인다. 우리가 정확한 말을 익혀서 쓰려는 노력이 필요한 부분이다.

　어휘 실력을 어디까지 늘려야 할까? 정확한 뜻과 표기를 아는 것을 넘어 그 말이 생긴 유래나 어원까지 알면 금상첨화일 게다. 하지만 모든 말의 유래나 어원을 탐구해서 알아내는 일은 쉽지 않다. 그래도 가능한 선에서 알 수 있는 만큼은 알아 두는 게 좋다. 언제부터인가 사람이 죽었을 때 ‘소천하셨다’라고 표현하는 것을 부쩍 많이 접하게 되었다. 예전에는 그냥 ‘돌아가셨다’라고 하거나 한자어를 사용해 ‘별세하셨다’거나 ‘운명하셨다’라는 표현을 썼는데, 최근에는 너도나도 ‘소천하셨다’라는 표현을 쓰고 있다. ‘소천’은 아직 『표준국어대사전』에 올라 있지 않고 『고려대한국어대사전』에만 실려 있다.

　소천(召天) 하늘의 부름을 받아 돌아간다는 뜻으로, 개신교에서 죽음을 이르는 말.

　풀이대로 개신교 신자 사이에서 쓰는 말이다. 개신교 신자가 아니라고 해서 ‘소천’이라는 말을 쓰지 말라는 법은 없다. 불교 신자가 아니라도 얼마든지 불교 용어를 쓸 수 있으며, 그렇게 해서 불교 용어가 우리 일상어로 자리 잡은 예도 무척 많다. 그런데도 불교 신자가 자신의 부모님이 돌아가셨을 때 '소천'이라는 말을 쓴다면 아무래도 어색하다. 달리 표현할 마땅한 말이 없을 경우라면 몰라도 그렇지 않은 상황에서 개신교 용어를 가져다 쓸 이유는 없다. 그런데 소천이라는 말이 개신교에서 온 말이라는 사실을 모르는 사람이 많다. 유래를 알게 되면 아마 불교 신자는 이 말을 사용하기 어려우리라.

일제강점기를 거치면서 일본식 한자어가 많이 유입되었다. 이들 일본식 한자어를 모두 없애자고 주장하는 이도 많이 있다. 가령 시합試合 대신 경기競技나 겨루기를, 입상立場 대신 처지處地나 견해見解를 써야 한다는 식이다. 하지만 일본 사람이 만든 한자말이라고 해서 모두 없앨 수는 없다. 큰 무리가 없으면 오히려 우리말을 풍부하게 해 준 낱말로 인정할 필요도 있다.

다만 그렇게 받아들이기에는 찜찜한 말도 있다. 운동 경기 소식을 전할 때 '수훈갑'이라는 말을 많이 쓰는데, 이 말은 『표준국어대사전』에는 없고, 『고려대한국어대사전』에 다음과 같이 낱말 두 개가 실려 있다.

수훈갑(首勳甲) 운동 경기나 선거 따위에서, 경기나 선거의 승패를 좌우하는 데 가장 으뜸가는 큰 공훈을 세운 사람.
수훈 갑(受勳甲) 훈장을 받을 만한 인재.

첫 번째 '수훈갑'首勳甲에 쓰인 한자어 '수'首가 이상하다. 뒤에 붙은 갑甲이 첫 번째를 뜻하는데, 앞에도 처음을 뜻하는 '머리 수'首를 썼으니 의미가 중복된다. 첫 번째나 일등을 뜻하는 수석首席이라는 낱말을 보면 알 수 있는 일이다. '뛰어난 공로'를 뜻하는 '수훈'殊勳이라는 말이 있으므로 '수훈갑'殊勳甲이라고 쓰는 게 제대로 된 한자어 표기일 것이다.

더 이상한 것은 어휘 두 개의 뜻풀이 다음에 실린 예문이다. 각각 이렇게 실렸다.

수훈갑(首勳甲) 그는 11일 경기에서 홈런과 2루타를 쳐서 팀의 우승에 수훈갑이 되었다.

수훈 갑(受勳甲) ○○○는 홈런을 포함 3타수 2안타로 5타점을 뽑아 9회까지 완투한 선발 ○○○와 함께 수훈 갑이 됐다.

앞 예문 둘은 표현만 조금 다를 뿐 같은 내용을 담고 있다. 그런데 왜 앞의 것은 '수훈갑'이고 뒤의 것은 '수훈 갑'일까? 사전 편찬자가 이 말에 관해 정확히 알지 못한 데서 나온 오류다. 때로는 국어사전도 의심을 해야 한다는 점을 여실히 보여 주는 사례이다. 수훈갑은 일본에서 만들어진 표현으로, 일본어 사전을 찾아보면 '수훈'殊勳이라는 말 다음에 예문으로 '수훈갑'殊勳甲을 제시하고 있다.

그렇다면 이 말은 어떻게 우리나라에 들어와서 쓰이게 됐을까? 옛날 신문 기사를 검색해 보면 1930년대 후반부터 이 말이 자주 등장하는 사실을 알 수 있다. 기사 하나를 살펴보자.

모두 혁혁한 무훈武勳으로 전사戰史의 혈頁을 장식한 공적자功績者인데 수훈갑殊勳甲은 좌左의 구명九名이다.
　—『동아일보』(1940년 6월 12일 자)

이 기사의 제목은 '제12회 발표 지나사변 해군 논공행상'支那事變 海軍 論功行賞이다. 지나사변은 일본군이 일으킨 중일전쟁을 당시 일본에서 부르던 용어다. 기사 내용에서 알 수 있듯이 수훈갑은 전쟁에서 공을 세운 군인에게 수여하던 공훈 등급을 가리키던 말로, 주로 전사자나 사상자를 기리기 위해 사용했다. 이런 유래를 알고도 수훈갑이라는 말을 아무렇지 않게 쓸 수 있을까?

말을 안다고 할 때는 말에 담긴 문화나 정신의 뿌리까지 알아야 제대로 안다고 할 수 있다. 그렇지 않다 보니 잘못 쓰거나 쓰지 말아야 할 말까지 마구잡이로 쓰는 일이 발생한다. 정확한 말을 정확한 곳에 쓰려는 노력이 필요하다.

{ 16 나며 }

척당불기倜儻不羈라는 어려운 한자성어가 화제가 된 적이
있다. 경남기업 회장이었던 성완종 씨가 스스로 목숨을 끊
으면서 자기가 뇌물을 건넨 이의 명단을 적은 이른바 '성
완종 리스트'를 남겼는데, 거기에 홍준표 자유한국당 대표
이름이 있었다. 이로 인해 홍준표 대표는 불법 정치자금
수수죄로 기소되어 재판에 넘겨졌으나 대법원에서 무죄판
결을 받았다. 성 회장의 측근 윤 모씨가 돈을 건넬 당시 홍
준표 의원 사무실에 '척당불기'라는 문구가 적힌 액자를
보았다고 증언했으나 재판부는 윤씨의 증언에 신빙성이
없다며 받아들이지 않았다. 그런데 무죄판결 후 발견된 영
상에서 홍준표 의원 사무실에 바로 그 문구가 쓰인 액자가
걸려 있던 사실이 확인되었다. 새로운 증거가 나왔으니 재
판을 다시 해야 한다는 여론이 일었음은 물론이다.

척당불기는 "뜻이 크고 기개가 있어서 남에게 얽매이거나 굽히지 않음"을 뜻하는 말이다. 윤 모씨는 어려운 한자를 사용한 문구라 일부러 집에 가서 찾아보았기 때문에 기억에 남아 있다고 했다. 나도 이번 사건으로 처음 접한 한자성어다. 남이 잘 모르는 어려운 말을 쓴다고 해서 그 사람의 교양 수준이 높거나 인품이 훌륭함을 보장해 주지는 않는다. 미사여구美辭麗句와 교언영색巧言令色에 능한 사람도 있는 법이어서, 말과 사람을 구분할 필요가 있다. 그렇지만 사람의 본색은 말을 통해서 드러나는 경우가 많다. 홍준표 대표가 그동안 쏟아 낸 막말은 워낙 유명하다. '이대계집애들'이라는 표현이나 신분증 제시를 요구하는 방송사 경비원에게 얼굴 대신 '면상'이라는 말을 쓴 것 등을 보면 홍준표 대표의 인품을 가늠할 수 있다. 어떤 면에서 보면 홍준표 대표는 척당불기라는 말을 본뜻과 상관없이 자기 식으로 해석하고 받아들이고 있었는지도 모른다. 누가 무슨 비난을 쏟아 내든 자기가 가고 싶은 길을 가면서 자신의 그릇된 처사에 관해서는 결코 사과를 모르는, 즉 '남에게 얽매이거나 굽히지 않'는 태도를 보여 준다는 면에서 그렇다.

어휘량을 늘리는 것은 좋은 일이나 왜 그래야 하는지에 관한 분명한 인식이 있어야 한다. 그냥 유식해 보이고 싶어서 그렇다면 나중에 헛똑똑이 소리를 듣기 십상이다. 어휘를 많이 아는 것 못지않게 바르게 사용하는 법까지 익혀야 한다. 어휘가 지시하는 바를 명확히 이해하고 어휘를 적절히 부려 가며 자신의 삶에 적용시킬 때 어휘도 그 사람의 삶도 함께 빛나게 될 터이다. 앞서 말한 척당불기는 홍준표 대표 자신의 어휘가 아니었음이 분명하다. 유명인일수록 치장을 위해 잠시 빌려 온 어휘를 사용하는 경향이 강하다. 언행일치言行─致라는 쉬운 말부터 몸에 새기는 훈련이 필요하다.

남자가 자신의 배우자를 가리킬 때 아내나 집사람이라는 말을 쓰는 사람이 있는가 하면 와이프라 부르는 사람도 있고, 부인이나 각시라는 말을 쓰는 사람도 있다. 요즘에는 배우자라는 한자어를 풀어 쓴 옆지기라는 표현을 쓰는 사람도 늘고 있다. 가부장 의식에 찌든 사람이라면 여편네라고 부를 수도 있겠다. 이토록 다양한 부름말 중에 무엇을 선택해서 사용하느냐에 따라 사람의 됨됨이가 드러난다. 자신이 쓴 말은 그대로 자신에게 되돌아오기 마련이다. 어떤 사람이 되고 싶은지는 본인의 선택이지만, 말이 곧 사람이라는 명제를 숙고할 필요가 있다.

어떤 말을 열심히 배우고 익혀야 할까? 이런 분류법이 가능하다면, 상층 언어나 고급 언어보다는 하층 언어나 생활 언어에 더 열려 있어야 한다. 많이 배운 사람의 글일수록 난해한 말잔치를 펼쳐 놓는 경우가 많다. 어려운 글은 나쁘고 쉬운 글이 좋다는 단순 논리도 경계할 필요가 있지만 현학 과시가 목적이 되어서는 안 된다. 아동문학가 권

정생 선생은 평생 수없이 많은 책을 읽었으나 어른을 위한 산문을 쓸 때도 결코 어려운 말을 끌어들이지 않았다. 어려운 어휘를 즐겨 쓰는 사람은 어휘량이 많은 게 아니라 쉬우면서도 쓰기 편리한 말에 관한 어휘량이 적은 사람일 가능성이 크다. 특히 전문가 집단이 자기들끼리 공유하는 어휘의 세계에 갇혀 버리면, 거기서 배제된 이와는 정상적인 소통이 어려울 뿐 아니라 자칫 적대적인 관계를 형성할 수 있다. 의료계나 법조계에서 쓰는 전문용어를 쉬운 말로 바꾸어야 한다는 이야기가 오래전부터 나왔고, 당사자들도 그런 문제를 인식하고 개선하기 위해 힘을 기울이고 있다. 폐쇄성의 울타리 안에 갇힌 어휘를 간명하면서도 알아듣기 쉬운 어휘로 대체하기 위한 노력은 꾸준히 이어져야 하며, 그런 작업이 언어의 민주화로 가는 길이자 우리 사회의 어휘 자산을 늘리는 일이 될 터이다.

나아가, 어휘에 좀 더 예민한 감각을 키울 필요가 있다. 평소 이상하게 생각한 것 중 하나가 스님이 책을 내면서 자신의 이름을 'ㅇㅇ스님'이라고 표기하는 일이었다. '스님'은 승려를 남이 높여서 부를 때 사용하는 말이다. 스스로 자신을 지칭하기에는 멋쩍은 호칭이 아닐 수 없다. 그런데 페이스북을 하는 승려 중에도 프로필에 'ㅇㅇ스님'이라고 적은 것을 보면 승려 중에 어휘 민감도가 떨어지는 분이 많은 듯하다. 그냥 자기 법명만 쓰든지, 아니면 '승려僧侶 ㅇㅇ'이나 '산승山僧 ㅇㅇ' 정도로 표기하는 게 바람직하다. 산승은 산속의 절에 사는 승려를 가리키는 명사이자 승려가 자기를 낮추어 이르는 일인칭 대명사로 쓰는 말이다.

교사도 마찬가지다. 학교에 있는 동안 많은 교사가 학생 앞에서 스스로 자신을 '선생님'이라고 부르는 말을 자주 들었다. 가령, "딴짓하지 말고 선생님이 하는 말 잘 들으라고 했지?"라든지, "선생님이 다 너를 위해서 하는 말이야"라는 식이다. '선생님'이라는 말 역시 다른 사람이 교사를 높여 부를 때 쓰는 호칭이지 교사가 자기를 지칭할 때 쓸 수 있는 말이 아니다. '선생님' 대신 그냥 '나'를 쓰는 것이 맞다. 그런데도 그게 왜 문제인지를 모르는 교사가 다수다. 스스로 자기 권위를 높이려다 보니 그렇게 된 듯하지만, 잘못된 방향으로 흘러가서 엉뚱하게 고착되고 만 형국이다. 얼마 전까지만 해도 검사나 판사를 나이에 상관없이 '영감(님)'이라고 부르던 문화가 있었음을 생각하면, 우리 사회에 위계질서가 유독 강력하게 작동하고 있음을 알 수 있다.

어휘에 예민해야 하는 지점이 꼭 호칭에만 해당하지 않는다. 같은 말이라도 상황에 따라 쓰임새가 달라지는 경우가 많다. 중립이나 중재라는 말을 쓸 때 이해 당사자가 서로 비슷한 힘을 가진 경우라면 별 문제가 없을 수 있으나 강자와 약자가 대립하고 있을 때는 그런 말이 강자에게 유리한 방향으로 작동하기 쉽다. 김 여사, 된장녀 같은 말이 가진 여성 비하적인 측면에 관한 고려, 하사금下賜金이나 고위층高位層처럼 권력에 따른 상하관계가 스민 측면에 관한 고려 등도 충분히 감안해야 할 사항이다.

　이 글을 시작하는 부분을 '들며'라고 했고, 끝맺는 부분을 '나며'라고 했다. 보통 앞부분은 '머리말'이나 '들어가는 말' 정도로 하고, 끝부분을 '맺음말'이나 '나오는 말' 등으로 표현한다. 어느 책에선가 맺음말을 '휘갑'이라고 적은 글을 본 적이 있다. 휘갑은 본래 마름질한 옷감의 가장자리가 풀리지 않도록 꿰매는 일을 뜻하는 바느질 용어다. 그러다가 "더 이상 말하지 못하도록 마무름"과 "뒤섞여 어지러운 일을 마무름"이라는 뜻을 더 가지게 되었다. 맺음말을 휘갑이라고 한 사람은 자신만의 표현을 쓰고 싶었을 터이다. 나 역시 이 책을 쓰면서 나만의 표현을 쓰고 싶었고, 그게 '들며'와 '나며'로 나타났다. 말과 글을 부리는 것은 의식적인 행위다. 그렇다면 자기만의 생각과 태도를 반영하기 위한 고민과 노력이 필요한 법이고, 이왕이면 자신의 주체성을 살리는 쪽으로 끌어가야 한다. 그게 언어에 종속되는 삶이 아니라 언어의 주인으로 살아가는 법이 된다고 믿는다.

사랑한다 우리말 장승욱(하늘연못, 2007)

순우리말 어휘를 익히고 싶은 사람에게 권하고 싶다. 책을
펼치면 우리가 모르는 우리말이 얼마나 많은지 실감하게
된다. 모도리, 두매한짝, 드팀전, 시게전, 강다짐, 밀푸러기,
뻘때추니 같은 말을 들어 보았는지? 이런 말이 3,000개가
넘게 나온다. 국어사전 안에 갇혀 있는 말을 꺼내 뜻과
쓰임새를 밝히고 문학 작품 속에서 가려 뽑은 다양한 예문까지
실어 놓았다.

책에 담긴 내용을 살짝 엿보기로 하자.

"덩치와 비슷한 말로 물건의 부피를 가리키는 것은 덩저리다.
풍채가 있는 커다란 덩치는 엄장이라고 하고, 몸꼴은 몸이
생긴 모양, 몸피의 크기는 걸때라고 한다. 몸바탕은 사람의
체질을 말한다. 몸집과 마찬가지로 살의 부피는 살집이라고
하고, 몸에 살이 많거나 적은 정도는 살기나 살푸둥이라고
한다. 살거리도 몸에 붙은 살의 정도와 모양을 가리키는
말이다. 살가죽의 겉껍질, 즉 피부는 비지껍질이라고 한다.
건강해서 단단하고 포동포동하게 찐 살을 진짜 살이라는
뜻으로 참살이라고 하는데, 반대로 무르고 푸석푸석한 살,
조금만 앓고 나도 살이 드러나게 쭉 빠지는 살은 푸석돌과
같은 살이라는 뜻에서 푸석살이라고 한다."

말은 쓰지 않으면 사라진다. 이런 말을 모두 사라지게

놓아둘 것인지 생각해 보게 하는 책이다.

개념어 사전 남경태(휴머니스트, 2012)

언제부터인가 우리 사회에 인문학이라는 말이 넘쳐 나고 있다. 인문학 강좌가 여기저기서 열리고, 'ㅇㅇ인문학'이라는 제목을 붙인 책도 많이 나왔다. 인문학이 과잉 소비되고 있다는 말이 나올 정도다. 인문학을 자신의 교양을 과시하기 위한 수단이나 무지를 가리기 위한 치장용으로 삼는 건 문제가 있다. 그렇지만 인간과 인간을 둘러싼 세계를 제대로 이해하기 위한 인문학 공부는 반드시 필요하다. 문제는 제대로 된 인문학을 공부하기가 쉽지 않다는 사실이다. 개념 정리가 안 된 상태에서 책을 잡으면 무슨 말을 하고 있는지 감을 잡을 수 없어 중도에 책을 덮는 경우가 많다.

이 책은 여러 개념어 때문에 인문학 공부를 어려워하는 사람들에게 안성맞춤이다. 인문학은 철학, 역사, 예술 등 다방면에 걸쳐 있는 데다, 동양과 서양이 서로 다른 사상사를 발전시켜 왔기에 알아야 할 개념어도 그만큼 많을 수밖에 없다. 지은이는 일반인이 인문학 공부를 할 때 자주 접하는 개념어를 모아 쉬우면서도 재미있는 표현으로 설명한다. 지은이에 따르면, 완벽히 객관적인 개념이란 존재할 수 없기에 의미 중심이 아니라 개념이 사용된 맥락이나 이론 체계를 알아야 한다. 그런 면에서 이 책은 단순한 어휘 사전과는 다른 특색을 갖고 있다. 오랫동안 다양한 분야의 책을 번역하거나 직접 저술한 지은이의 풍부한 지식과 경험이 책 속에 잘 녹아 있다.

콩글리시 찬가 신견식(뿌리와이파리, 2016)

이 책의 지은이는 자그마치 열다섯 개 국어를 한다고 한다.
언어 천재라고나 할까? 그런 만큼 우리말에 스며든 외국어의
흔적에 박학하다. 나아가 외국어 안에 그 나라 바깥의 말이
얼마나, 어떻게 스며들어 있는지 잘 알고 있다. 그런 지식을
바탕으로 지은이가 내린 결론은 어느 나라 말이나 순전히 자기
나라 말로만 이루어져 있지는 않다는 사실이다. 따라서 우리가
쓰는 콩글리시는 결코 엉터리 말이 아니며, 괜히 잘못 쓰고
있는 게 아닌가 하면서 주눅 들 필요가 없다고 말한다.
우리가 일상생활에서 자주 쓰는 외래어나 콩글리시는 이미
우리 언어문화로 정착되어 있다는 사실을 인정할 필요가 있다.
표현의 확장이라는 측면에서 보면 그런 말을 어떻게 이해하고
활용할 것인가를 고민하는 게 바람직하다. 제목에 '찬가'라는
말이 붙어 있는 것으로 짐작할 수 있듯이 지은이는 콩글리시의
명예 회복을 주창하며 이렇게 말한다.
"이 책은 외래어나 콩글리시가 어떻게 생겨났고 세계의
다른 언어와 어떤 관련을 맺는지에 초점을 맞추어, 외래어나
콩글리시도 한국 근현대사의 문화유산이며 수많은 언어와
뿌리를 함께한다는 것을 보여 준다."
콩글리시라고 하는 말의 정확한 기원과 탄생 과정 및 다른
나라의 언어 상황에 이르기까지 언어에 관한 다양한 교양과
지식을 쌓기에 맞춤한 책이다.

새로 쓰는 비슷한말 꾸러미 사전 최종규(철수와영희, 2016)
새로 쓰는 겹말 꾸러미 사전 최종규(철수와영희, 2017)

우리말 바로 쓰기에 몸을 바친 사람으로 흔히 이오덕 선생을 꼽는다. 지은이는 이오덕 선생의 제자를 자처하며 20여 년 동안 우리말 지킴이로 일해 왔다. 그런 지은이가 우리말을 제대로 살려 쓸 수 있도록 도움을 주는 사전을 펴냈다.

우리나라 사람이라면 누구나 우리말을 능숙하게 잘 부려서 쓸 것 같은데 실은 그렇지 못한 게 현실이다. 어려운 한자어와 개념어를 익히는 것도 필요하지만 가장 쉽다고 생각하는 우리말 공부부터 제대로 할 것을 지은이는 권하고 있다.

닮다와 비슷하다는 같은 말일까? 마침내와 드디어, 억지와 어거지는 어떤 차이가 있을까? 언뜻 듣기에는 그 말이 그 말 같지만 뜻과 쓰임새가 다르다. 그런 차이를 정확히 알고 써야 제대로 뜻이 통하는 글을 만들 수 있다. 1권에서는 이렇게 말맛과 뜻이 조금씩 낱말을 묶어서 그 차이를 자세히 밝혀 놓았다. 2권에서는 겹말, 즉 뜻이 같은 낱말을 겹쳐서 쓰는 말을 모아 그릇된 쓰임새를 바로잡았다. 가령, '지나가는 행인'은 앞말과 뒷말의 뜻이 겹치므로 그냥 '행인'으로 쓰면 된다고 하는 식이다.

더불어 지은이는 『말 잘하고 글 잘 쓰게 돕는 읽는 우리말 사전』(자연과생태, 2017)도 내놓았는데, 1권은 '돌림풀이와 겹말풀이 다듬기', 2권은 '군더더기 한자말 떼어 내기'를 부제로 달았다.

요즘것들 사전 권재원(우리학교, 2016)

청소년이 쓰는 말을 일러 외계어 같다고 말한다. 그렇다면
청소년, 지은이 표현대로 하자면 '요즘것들'은 정말
외계인일까? 저마다 청소년 시절을 거쳤는데도 '요즘것들'을
제대로 이해하려는 어른이 많지 않다. 청소년이 쓰는 말을
대할 때도 우리말을 파괴하는 주범 정도로 격하하곤 한다.
하지만 언어는 고정적이거나 불변의 체계를 갖추고 있는 게
아니며, 필요에 의해 생겨나고 사라진다. '요즘것들'이
쓰는 말은 자기가 접한 세상을 자신의 눈으로 보고 해석한
결과물이다. 따라서 그들이 쓰는 말을 자세히 들여다보면 요즘
세상이 보인다. 덕후와 어그로, 관종 같은 말의 이면에 어떤
사회 현상이 담겨 있을까? 중학교 교사이자 사회학 박사인
지은이의 통찰이 빛난다.

지은이는 '요즘것들'이 많이 쓰는 말 열여섯 개를 매개로
다채로운 이야기를 펼쳐 간다. 단어의 원래 뜻과 단어를
둘러싼 역사적, 사회적 맥락까지 다루고 있어 인문 교양서의
역할도 톡톡히 한다. 역사, 철학, 정치, 예술을 아우르는
풍부한 예를 들어 설명함으로써 읽는 맛을 더해 주기도 한다.
요즘 아이들이 바라보는 요즘 세상을 알고 싶은 사람이
읽기 좋은 책이다. '요즘것들'이 쓰는 말을 제대로 알아듣고
이해하려는 노력이 꼰대로 떨어지지 않는 좋은 방법이
아닐까?

어휘 늘리는 법

: 언어의 한계는 세계의 한계다

2018년 3월 24일   초판 1쇄 발행
2022년 3월 24일   초판 4쇄 발행

지은이
박일환

펴낸이	**펴낸곳**	**등록**
조성웅	도서출판 유유	제406-2010-000032호(2010년 4월 2일)

주소
서울시 마포구 동교로15길 30, 3층 (우편번호 04003)

전화	**팩스**	**홈페이지**	**전자우편**
02-3144-6869	0303-3444-4645	uupress.co.kr	uupress@gmail.com

	페이스북	**트위터**	**인스타그램**
	www.facebook .com/uupress	www.twitter .com/uu_press	www.instagram .com/uupress

편집	**디자인**	**마케팅**
이경민, 조세진	이기준	황효선

제작	**인쇄**	**제책**	**물류**
제이오	(주)민언프린텍	다온바인텍	책과일터

ISBN 979-11-85152-81-3 04080
      979-11-85152-36-3 (세트)

유유 출간 도서

박물관 보는 법
보이지 않는 것을 보는 감상자의 안목

황윤 글, 손광산 그림

박물관을 제대로 알고 감상하기 위한 책. 소장 역사학자이자 박물관 마니아인 저자가 오래도록 직접 발품을 팔아 수집한 자료와 직접 현장을 누비면서 본인이 듣고 보고 느낀 내용을 흥미로운 스토리텔링 방식으로 집필했다. 우리 근대 박물관사의 흐름을 한눈에 꿰게 할 뿐 아니라 그 흐름을 만들어 간 사람들의 흥미로운 사연과 앞으로 문화 전시 공간으로서 박물관이 나아갈 바람직한 방향까지 가늠하게 해 준다. 일제 치하에서 왜곡된 방식으로 근대를 맞게 된 우리 박물관의 역사도 이제 100여 년이 되었다. 박물관을 설립하는 데 관여한 사람들과 영향을 준 사건들을 살피다 보면 유물의 소장과 보관의 관점에서 파란만장한 우리 근대 100년사를 일별할 수 있다. 또한 공간의 관점에서도 단순히 유물과 예술품을 전시하는 건물로만 여겼던 박물관이 색다르게 다가온다. 보이지 않던 박물관의 면모가 보이고 이를 통해 박물관을 관람하는 새로운 시야를 열어 줄 것이다.

땅콩 문고

책 먹는 법
든든한 내면을 만드는 독서 레시피

김이경 지음

저자, 번역자, 편집자, 논술 교사, 독서 모임 강사 등 텍스트와 관련한 여러 가지 일을 오래도록 섭렵하면서 단련된 독서가 저자 김이경이 텍스트 읽는 법을 총망라하였다. 읽기 시작하는 법, 질문하면서 읽는 법, 있는 그대로 읽는 법, 다독법, 정독법, 여럿이 함께 읽는 법, 어려운 책 읽는 법, 쓰면서 읽는 법, 소리 내어 읽는 법, 아이와 함께 읽는 법, 문학 읽는 법, 고전 읽는 법 등 여러 가지 상황과 처지에 맞게 책을 접하는 방법을 자신의 인생 갈피갈피에서 겪은 체험과 함께 소개한다.

학생이 배우고 익히는 법
미국 명문고 교장이 각계 전문가들과
완성한 실용 공부법
리처드 샌드윅 지음, 이성자 옮김

저자 리처드 샌드윅은 대학교에서
교육 심리학을 공부하고 고등학교의
교장으로 부임해 그 학교를 미국
내 명문학교로 키우는 데 큰 공헌을
한 사람이다. 그는 학생의 공부
습관이나 노하우에 관심을 갖고 꼭
필요한 요령을 파악해 학생에게
도움을 주고자 했다. 그는 이 책을
각 분야의 전문가의 도움을 받아
완성했다. 심리, 교육부터 영양까지
다채로운 분야의 전문가의 조언으로
다듬어진 덕분에 이 책은 교사와
학부모의 높은 신뢰를 받아
오래도록 학생 교육 방면에서
스테디셀러로 자리매김했다.
"학생들이 효율적인 공부를 하기
위한 보편 원칙을 간단히 터득하게
하는 것"을 목적으로 한다고 밝힌
데에서도 알 수 있듯, 이 책은
공부의 보편 원칙을 앞에 놓고
개별 과목의 공부법을 뒤에 두어
먼저 공부할 때 동기를 부여하려
한다. 학생에게 공부란 무엇인지,
왜 공부를 해야 하는지 설명하고,
뒤이어 공부하는 법을 알려 준다.

서평 쓰는 법
독서의 완성
이원석 지음

서평은 독서의 완성이다. 하지만
아직까지 우리는 서평의 본질에
대한 이해조차 부족하다. 흔히들
책의 요약이나 독후감을 서평으로
이해하지만 서평은 책의 요약이 아니다.
요약은 서평의 전제로서 고급 독자는
서평으로 자기 생각을 내놓는다.
또한 원칙적으로 모든 저자는 서평
쓰기로부터 집필을 시작한다. 그렇다면
서평은 모든 글쓰기의 시작이라고
볼 수 있다. 이 책은 그 시작을 본질부터
차근차근 설명한 안내서다.

어린이책 읽는 법
남녀노소 누구나
김소영 지음

어린이가 평생 독자로 되기를 바라는
어른을 위한 어린이책 안내서.
어린이에게 책이 무엇인지, 독서가
무엇인지 알려 주고, 아이와 책장을
정리하는 법, 분야별로 책 읽는 법과
좋은 책 이야기를 알차게 담았다.
이야기마다 저자가 독서교실에서 만난
아이들의 생생한 일화를 예로 들고
있어 더욱 친근감을 준다. 한편으로
저자는 이 책이 어린이만을 위한 것이
아니라 책 읽기가 정체된 어른에게도
유익하리라 권한다. 실제로 어른도 읽어
보고 싶은 어린이책이 가득 소개되어
있다.

동화 쓰는 법
이야기의 스텝을 제대로 밟기 위하여

이현 지음

어린이문학 작가 이현이 그동안
읽어 온 이야기를 분석하고, 직접
길고 짧은 어린이책을 쓰면서 다양한
인물과 이야기를 만든 과정, 작가
지망생에게 동화 쓰기를 가르치며
정리한 방법을 알차게 담았다. 춤을
배우기 전에 기본 박자에 맞추어
스텝을 배우듯 저자는 독자들이
이야기, 독자, 주인공, 사건, 플롯,
전략 등 동화 쓰기라는 창작의
스텝을 제대로 밟도록 이끌어 준다.
저자가 권하는 동화와 청소년소설,
어린이문학과 창작 이론서 목록도
함께 소개한다.

번역가 되는 법
두 언어와 동고동락하는 지식노동자로
살기 위하여

김택규 지음

전문 출판 번역가로서 20여 년간
살아온 저자가 번역가 지망생에게
들려주는 자신의 경험과 조언을
담은 안내서. 냉혹하다 싶을 정도로
출판 번역과 출판계의 환경을
점검하고, 그 안에서 번역가가
되기를 바라는 이가 할 수 있는 일과
해야 하는 일을 현실적으로 짚어
준다. 직업인으로서 번역가에게
필요한 실제 내용과 더불어 출판계에
갓 들어왔을 때 반드시 살펴야 할
실무까지 알차게 챙겼다.

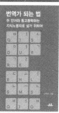

공부

우리말 공부 시리즈

번역자를 위한 우리말 공부
한국어를 잘 이해하고 제대로 표현하는 법
이강룡 지음

외국어 실력을 키우는 번역 교재가
아니라 좋은 글을 판별하고 훌륭한
한국어 표현을 구사하는 태도를 길러
주는 문장 교재. 기술 문서만 나부다
보니 한국어 어휘 선택이나 문장
감각이 무뎌진 것 같다고 느끼는 현직
번역자, 외국어 구사 능력에 비해
한국어 표현력이 부족하다 여기는
통역사, 이제 막 번역이라는 세계에
발을 디딘 초보 번역자 그리고 수많은
번역서를 검토하고 원고의 질을
판단해야 하는 외서 편집자가 이 책의
독자다.

내 문장이 그렇게 이상한가요?
내가 쓴 글, 내가 다듬는 법
김정선 지음

어색한 문장을 살짝만 다듬어도 글이
훨씬 보기 좋고 우리말다운 문장이
되는 비결이 있다. 20년 넘도록 단행본
교정 교열 작업을 해 온 저자 김정선이
그 비결을 공개한다. 저자는 자신이
오래도록 작업해 온 숱한 원고들에서
공통으로 발견되는 어색한 문장의
전형을 추려서 뽑고, 문장을 이상하게
만드는 요소들을 간추린 후 어떻게
문장을 다듬어야 유려한 문장이 되는지
요령 있게 정리해 냈다.

동사의 맛
교정의 숙수가 알뜰살뜰 차려 낸 우리말
움직씨 밥상
김정선 지음

20년 넘도록 문장을 만져 온 전문
교정자의 우리말 동사 설명서.
헷갈리는 동사를 짝지어 고운 말과
깊은 사고로 풀어내고 거기에 다시
이야기를 더해 재미있게 읽을 수
있도록 했다. 일반 독자라면 책 속
이야기를 통해 즐겁게 동사를 익힐
수 있을 것이고, 우리말을 다루는
사람이라면 사전처럼 요긴하게 쓸 수
있을 것이다.

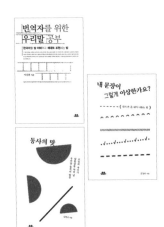

후 불어 꿀떡 먹고 껵!
처음 맛보는 의성의태어 · 이야기
장세이 지음

한국어 품사 교양서 시리즈 2권.
의성의태어를 좀 더 깊이 들여다볼 수
있도록, 상황에 따라 나누고 뜻에
따라 갈래지은 책이다. 저자는
우리가 일상에서 생활하면서
느끼는 것들을 표현한 다종다양한
의성의태어를 새롭고 발랄한 언어
감각으로 선보인다. 생동감 넘치는
의성의태어 설명과 더불어 재미난
이야기를 통해 실제 용례를 확인할 수
있다. 의성의태어 활용 사전으로도
유익하다.

만화 동사의 맛
이야기그림으로 배우고 익히는
우리말 움직씨
김영화 지음, 김정선 원작

교정의 숙수가 알뜰살뜰 차려 낸
우리말 움직씨 밥상 『동사의 맛』이
만화로 재탄생했다. 헷갈리는 동사와
각 동사의 뜻풀이, 활용법 그리고
이야기로 짠 예문으로 구성된 원작을
만화라는 형식으로 가져오면서
남자와 여자의 이야기, 동사의
활용법을 네모난 칸과 말풍선 안에
펼쳐 보였다. 이 책은 그림 사전의
역할도 한다. 동사의 뜻풀이에
그림이 곁들여지면 좀 더 확실하게
개념이 파악되고 생생하게 기억에
남는다. 그림과 이야기를 따라
책장을 술술 넘기다 보면 다양한
동사의 기본과 활용 지식이 머릿속에
차곡차곡 쌓이게 될 것이다.